KEEP GOING

Dados Internacionais de Catalogação na Publicação (CIP)
(Câmara Brasileira do Livro, SP, Brasil)

Marshall, Joseph M.
Keep going : uma contagiante história de perseverança / Joseph M. Marshall III ; tradução de Martha Gouveia da Cruz. – Petrópolis, RJ : Vozes, 2009.

Título original: Keep going : the art of perseverance

ISBN 978-85-326-3837-3

1. Autorrealização (Psicologia) 2. Conduta de vida 3. Perseverança (Ética) 4. Sabedoria 5. Sucesso 6. Vida I. Título.

09-01537 CDD-158

Índices para catálogo sistemático:

1. Perseverança : vida motivada : Psicologia aplicada 158

Joseph M. Marshall III

KEEP GOING

Uma contagiante história de perseverança

Tradução de Martha Gouveia da Cruz

Nobilis
VOZES

Primeira edição publicada por Sterling Publishing Co., Inc., Nova York
www.sterlingpublishing.com

Título original inglês: *Keep Going – The Art of Perseverance*

Direitos de publicação em língua portuguesa:
2009, Editora Vozes Ltda.
Rua Frei Luís, 100
25689-900 Petrópolis, RJ
Internet: http://www.vozes.com.br
Brasil

Editoração: Frei Gustavo Wayand Medella
Projeto gráfico: AG.SR Desenv. Gráfico
Capa: Carol Petro
Arte-final: WM design

ISBN 978-85-326-3837-3 (edição brasileira)
ISBN 978-1-4027-3607-0 (edição americana)

Editado conforme o novo acordo ortográfico.

Este livro foi composto e impresso pela Editora Vozes Ltda.

Nota do editor

Como qualquer tentativa de tradução para a expressão *keep going*, por feliz que fosse, limitaria sua abrangência e seu significado, optamos por fazer justiça à força e à vitalidade da história contada neste livro e manter em nossa tradução a expressão inglesa, tanto no título, a partir do original, como em algumas de suas principais ocorrências ao longo de suas páginas. O leitor perceberá ainda que ela se fará sutilmente presente em diversas ocasiões, subjacente a verbos como "continuar", "prosseguir", "permanecer", bem como nas correspondentes formas negativas "não desistir", "não abandonar", "não parar", e ainda no sentido de "enfrentar", "lutar" e "seguir em frente" em seus diversos tempos e modos.

É, portanto, em nome da preservação da riqueza de seu significado e da correta compreensão da obra que decidimos mantê-la.

Em memória de
Dru Sjodin (1981-2003) e de
Jancita Eagle Deer (1951-1975),
e para todas as pessoas de espírito
forte que resistiram ao furacão
Katrina e que estão ensinando a
todos nós como *keep going*.

Um jovem perguntou a seu avô por que a vida, às vezes, tinha que ser tão difícil. Esta foi a resposta que o velho homem deu.

O avô disse isto: "Na vida há momentos de tristeza e de alegria, de perdas e de ganhos, momentos em que caímos e outros em que nos reerguemos, momentos de fome e de fartura, momentos em que nos deparamos com a maldade e, em outros, com a bondade. Eu não digo isso para que você perca as esperanças, mas para ensinar-lhe a realidade. A vida é uma viagem na qual algumas vezes andamos na luz, e outras vezes nas sombras."

E continuou: "Você não pediu para nascer, mas está aqui. Você tem tanto fraquezas quanto forças. Você tem as duas porque na vida tudo tem dois lados. Dentro de você há a vontade de vencer, assim como a disposição para perder. Dentro de você há o coração para sentir compaixão, bem como a pequenez da arrogância. Dentro de você há tanto o caminho para enfrentar a vida, bem como o medo que faz com que você fuja dela."

"A vida pode lhe dar força. A força pode vir a partir do enfrentamento das tempestades da vida, a partir do conhecimento da perda, do sentimento de tristeza e de desgosto, da queda nas profundezas do pesar. Você precisa permanecer firme na tempestade. Precisa enfrentar o vento, o frio e a escuridão. Quando a tempestade soprar com intensidade, você precisa permanecer firme, porque ela não está tentando derrubá-lo, mas, na realidade, está tentando ensiná-lo a ser forte."

E disse ainda: "Ser forte significa dar mais um passo em direção ao topo da montanha, por mais exausto que você possa estar. Significa permitir que as lágrimas rolem através do pesar. Significa continuar procurando a resposta, apesar da escuridão do desespero estar por toda parte à nossa volta. Ser forte significa agarrar-se à esperança de que o coração baterá ainda mais uma vez, de que o sol nascerá ainda uma outra vez. Cada passo, por mais difícil que seja, é um passo que nos aproxima um pouco mais do topo da montanha. Manter a esperança viva a cada novo batimento cardíaco nos leva à luz do próximo nascer do sol e à promessa de um novo dia."

O avô concluiu dizendo: "O passo mais fraco em direção ao topo da montanha, em direção ao nascer do sol, em direção à esperança, é mais forte do que a mais violenta das tempestades. *Keep going*!"

Sumário

Prólogo
A pergunta

Há alguns anos, um jovem chamado Jeremy tomou conhecimento de que seu pai, Sr. Jeremy, estava com câncer. Os médicos advertiram o jovem Jeremy e sua família de que a doença não havia sido detectada em seus estágios iniciais. Entretanto, como as pessoas costumam fazer diante da desesperança óbvia, o jovem e seus familiares rezaram para que um milagre acontecesse.

Os médicos, por sua vez, fizeram tudo que foi possível. Mas a cirurgia e o tratamento subsequente pareciam só exacerbar uma situação já tão difícil. Sem poder fazer nada, Jeremy observava o estado de saúde de seu pai deteriorar rapidamente, enquanto este definhava. O milagre, que sua família esperava de maneira tão desesperadora, não aconteceu.

Em uma noite suave de primavera, o pai de Jeremy partiu em viagem para o mundo dos espíritos. E, nos meses que se seguiram, o jovem foi acometido por um turbilhão de profunda tristeza, confusão e raiva. Questionamentos e preocupações sobre a vida e a morte sobrepujaram-no.

Enquanto professor de História, durante os meses do ano letivo, Jeremy dedicava seu tempo e sua energia para os alunos, para o planejamento das aulas, para a leitura e correção de trabalhos e para um diretor indolente, mais preocupado com regras e com pingar os "i"s e cortar os "t"s do que em substituir livros didáticos lamentavelmente desatualizados. Jeremy gostava muito dos verões, quando podia jogar *softball*[1] e ler os livros que não tinha tempo para ler durante o ano escolar.

Enquanto professor, tinha experiência suficiente para fazer o planejamento das aulas e sobreviver às pilhas de papéis. Em geral obtinha bons resultados em mobilizar os alunos que definitivamente não gostavam de História. E, de certo modo, esperava ansiosamente pela oportunidade de travar um duelo intelectual com o diretor, en-

---

1. Uma variação mais leve do beisebol, inventada por George Hancock em 1887 (N.T.).

frentando o desafio da obstinação e mediocridade do homem.

Mas, enquanto jovem, Jeremy já havia aprendido que a vida e a morte eram realidades para as quais não havia respostas fáceis. Tinha certeza de uma única coisa: ele ainda não vivera o suficiente para encontrar as respostas certas.

Então, procurou pela única pessoa em sua vida que parecia ter sempre uma resposta.

Era conhecido pelos amigos como Velho Falcão, mas para sua família era simplesmente vovô. Velho Falcão já tinha bem mais que oitenta anos. Nunca havia viajado a uma distância maior que seiscentos quilômetros do local onde nascera. Mas isso tinha pouca importância porque, como Velho Falcão bem sabia, a própria vida era sua maior viagem.

Velho Falcão sabia que as estradas trilhadas nesta vida transmitiam lições que, em termos de experiência, em termos emocionais e espirituais, eram muito mais grandiosas do que o número de encostas escaladas ou de fronteiras cruzadas. Elas eram maiores do que as curvas percorridas ou os horizontes que esperam adiante. Ele sabia que as lições mais importantes e duradouras vêm das estradas difíceis, aquelas que têm muitos desvios, que são estreitas e escuras, cheias de desafios e obstáculos. As estradas que são fáceis de ser percorridas não exigem nenhum esforço e, portanto, não trazem nenhum sentido de realização, porque qualquer coisa conseguida com facilidade oferece pouco valor como recompensa.

Velho Falcão não sabia falar difícil e, apesar de saber um pouco de inglês, preferia a familiaridade de sua língua nativa. Seus cabelos eram grisalhos e sua face envelhecida pelo sol e pelas tempestades. A tonalidade morena de sua pele era o testemunho de sua herança indígena. Suas mãos ainda eram fortes, apesar de encurvadas e marcadas com cicatrizes por uma vida de trabalhos duros. Em sua vida, Velho Falcão tinha lavrado e plantado, fora domador de cavalos, caçador e construtor de casas. Já tinha perdido a conta dos milhares de buracos que tinha cavado para construir cercas e também do número de mourões que tinha fincado na terra. Ele conheceu a decepção, o desgosto, a tristeza e as perdas, bem como a satisfação de um trabalho bem feito e a firmeza de propósito de se manter fiel às suas crenças e princípios diante da tentação e do ridículo. De maneira geral, era como a maioria das pessoas. Mas, para Jeremy, Velho Falcão era seu avô e, portanto, era único.

Duas características de seu avô atraíam o jovem Jeremy: sua atitude tranquila e seu olhar firme, independentemente da situação em que se encontrasse.

Jeremy havia passado a maior parte de seus anos de juventude com seus avós, e não conseguia se lembrar de uma única situação, durante sua infância, em que seu avô tivesse erguido a voz movido pela raiva. Qualquer que fosse o problema, a crise ou a circunstância, o velho homem sempre a encarava com uma firmeza tranquila. Talvez essa fosse a razão de haver sempre paz em seu olhar, como a quietude de um lago de águas profundas e tranquilas.

Então, um dia, Jeremy foi até seu avô levando sua tristeza e confusão, como se fossem todos os sofrimentos do mundo.

O ancião levou-o até a sombra de um velho choupo, onde se sentaram e ouviram o gentil farfalhar da brisa suave entre as folhas.

"Desde menino, o som das folhas do choupo com o vento me fazem lembrar a voz de minha mãe", começou Velho Falcão. "Mas, então, penso que, de certo modo, também pode ser a voz de Deus."

Jeremy ouviu durante vários instantes. No entanto, por mais que tentasse, tudo que conseguia ouvir eram as folhas farfalhando.

"Então, meu neto", o velho homem continuou, "posso ver por sua fisionomia que você está angustiado. Parece haver algo atormentando o seu coração."

Incentivado pelo avô, o jovem fez sua pergunta. Era a mesma pergunta que havia feito inúmeras vezes anteriormente, e de muitas maneiras diferentes. Mas a angústia e a confusão de onde ela vinha eram sempre as mesmas.

"Vovô, por que a vida é tão difícil?"

Capítulo 1

Ao observar o farfalhar das folhas, ou talvez algo além delas, Velho Falcão ouviu sua canção original mais uma vez e, em seguida, voltou-se para seu neto.

"Sou um homem velho", ele disse. "Já vi muitas coisas nesta vida, mas não sei se há uma resposta que irá satisfazê-lo. Penso que existam muitas respostas por aí esperando que você as encontre. E o que posso afirmar, com certeza, é que a vida não é fácil. Mas é assim que as coisas são e não podemos modificá-las. A única coisa que podemos fazer é tentar entendê-las."

Jeremy não ficou surpreso com a resposta. Ele sabia que seu avô tinha uma maneira de apresentar as respostas na qual elas tinham que ser encontradas, ou merecidas.

"Como você pode ter tanta certeza dessas coisas?", perguntou Jeremy. "Há momentos em que penso que seria muito mais fácil aceitar a dor que a vida traz, em lugar de tentar entendê-la."

"Sei essas coisas porque já trilhei um longo caminho pela estrada que chamamos de vida", o velho homem observou. "Você ainda está no começo e, nesta fase, não sabemos nada. No final, temos experiências das quais nos valemos, e minhas experiências me dizem que há muito mais na vida do que simplesmente aceitação."

"Mas você não continua se questionando sobre a vida?", insistiu Jeremy. "Ultimamente isso é tudo que tenho feito. E acho que minha principal pergunta tem sido: Por que coisas ruins acontecem? Você não fazia esse mesmo tipo de pergunta quando era jovem?"

"Sim, fazia. Eu perguntava para meu pai e meu avô", respondeu Velho Falcão.

"O que eles respondiam?", Jeremy queria saber. "O que seu avô dizia quando você fazia esse mesmo tipo de pergunta?"

"Ele me dizia para fazer a viagem que estava à minha frente, a viagem que seria a minha vida. Essa era a única maneira, dizia ele, pela qual eu iria aprender."

Velho Falcão fez uma pausa e Jeremy se inclinou para frente, ansioso pelo que viria em seguida, ávido e desesperado para que a conversa continuasse. Ele notou que as folhas sobre eles pareciam farfalhar um pouco mais alto.

"Meu avô disse isto", Velho Falcão começou...

"Na vida há momentos de tristeza e de alegria, de perdas e de ganhos, momentos em que caímos e outros em que nos reerguemos, momentos de fome e de fartura, momentos em que nos deparamos com a maldade e, em outros, com a bondade. Eu não digo isso para que você perca as esperanças, mas para ensinar-lhe sobre a realidade."

Velho Falcão esfregou as palmas das mãos, como sempre fazia quando tinha algo importante a dizer. Jeremy conhecia esse gesto desde pequeno. Algumas vezes, o que vinha a seguir era a verdade nua e crua e, ainda assim, de certo modo havia também um reconforto. Além disso, apesar do velho homem, de fato, saber mais inglês do que admitisse, ele sempre recorria à sua língua nativa toda vez que queria deixar uma impressão duradoura em seu neto. Sempre que falava em sua língua nativa havia não só clareza, mas também eloquência.

Velho Falcão começou a falar.

"A vida apresenta dois semblantes e um não é menos real que o outro."

"Se tudo fosse igual o tempo todo, não haveria variedade, nem entusiasmo, nem tampouco equilíbrio. Não haveria nenhum preto para compensar o branco, nenhum pôr-do-sol para terminar o dia que começou com o nascer do sol, nem tampouco nenhum calor para afastar o frio. Mas, aquilo que dá equilíbrio à sua viagem ao longo desta vida, também traz dificuldade. No final, sempre vem um presente que não vemos."

"A vida não é só tristeza", continuou Velho Falcão. "Entretanto, sem tristeza nós não almejaríamos a alegria, não nos esforçaríamos para encontrá-la, nem iríamos valorizá-la quando a alcançássemos. Também é verdade que nem a tristeza nem a alegria estão conosco o tempo todo. E a frequência com que cada uma delas faz parte de nossa viagem nem sempre está sob nosso controle. Todos queremos mais a alegria do que a tristeza e é muito raro encontrar alguém que queira alguma tristeza."

"Ficarei feliz se nunca mais tiver que lidar com a tristeza", disse Jeremy. "Mas agora sei que não sou o primeiro a querer isso, e também que não serei o último."

"Sim, a maioria de nós quer isso vez por outra. E queremos porque sabemos que haverá tristeza", respondeu o velho homem. "Em parte, reconhecemos a realidade da tristeza, e em parte a rejeitamos. A realidade do sol que brilha hoje não elimina a realidade dos dias de céu nublado e de chuva de amanhã."

"Portanto, a realidade da alegria não elimina a realidade da tristeza", concluiu Jeremy. "Acho que todos sabemos disso."

"Uma realidade simples da qual sempre nos esquecemos", Velho Falcão observou. "Apesar de uma realidade poder obscurecer a outra, não se pode eliminar qualquer uma das duas. Talvez, no final, a perspectiva que conseguimos adquirir é que uma realidade define a outra."

"Da mesma forma que perder faz com que valorizemos o fato de ganhar."

"É claro", disse o velho homem. "Sem perder, qual seria o valor de ganhar?"

Velho Falcão sorriu e tirou do bolso de sua camisa uma bolsa de fumo e um pacote de papéis para fazer cigarro. Em um ou dois minutos, ele tinha acabado de enrolar um cigarro, feito com a camada interna da casca do salgueiro vermelho[2]

---

2. No original, *red willow*, também chamado *Salix purpurea*, um tipo de salgueiro que tem ramos avermelhados e roxos, e cuja casca é rica em tanino (N.T.).

desidratada e triturada. Pouquíssimas pessoas ainda usam a casca do salgueiro vermelho, ou ainda menos pessoas sabem sobre isso, mas o velho homem era assim. Velho Falcão conhecia coisas antigas e maneiras antigas, que os outros já tinham esquecido há muito tempo. Ele acendeu o cigarro, deu uma longa tragada e soprou devagar a fumaça, enquanto seus olhos diminuíam e olhavam em direção à pradaria. Esticando o braço, moveu a mão devagar, como se estivesse pintando o horizonte com grandes pinceladas.

"Quando eu era jovem", ele disse, "o último lobo desta região foi caçado e morto. Os forasteiros que vieram até esta terra trouxeram os seus antigos medos de lobos com eles. Os forasteiros pensavam, e ainda pensam, que o lobo conseguia vencer porque gostava de matar e sabia fazê-lo bem. Para eles, o lobo era mau e tinha que ser morto. Eles não percebiam que ele falhava mais do que saía vitorioso. E continuava faminto oito ou nove vezes entre as dez tentativas que fazia, porque sua presa escapava. Quando finalmente conseguia vencer, na décima vez, ele satisfazia a sua fome. O que os outros viam como voracidade para matar, na realidade era perseverança. Este era o segredo de sua vitória: ele nunca desistia."

"Mas o lobo não podia desistir, porque em seu mundo a vitória significava a sobrevivência de sua família, e o fracasso poderia levar à inanição e à morte", interveio Jeremy. "O que eu quero dizer é que o fracasso nem sempre traz penalidades tão severas para nós."

Velho Falcão aquiesceu com um gesto de cabeça, pensativo. "Sim, a maioria de nós concordaria que há poucas penalidades para a derrota mais severas que a morte. Para nós, que caminhamos com duas pernas, a derrota nem sempre é tão severa. Entretanto, ela pode enfraquecer nosso espírito e desencorajar nosso entusiasmo. Nós nos sairíamos bem se seguíssemos o exemplo do lobo e continuássemos a lutar pela vitória, independentemente do número de fracassos. Assim como o lobo aprendeu há muito tempo, o mais importante é saber que a vitória obscurece a derrota e revigora o espírito."

"E por aí vai."

Velho Falcão deu uma longa tragada em seu cigarro, antes de soltar a fumaça por debaixo de seu calcanhar. Durante alguns minutos, contemplou a terra ao longe. E logo que as primeiras pontadas de impaciência começaram a mordiscar Jeremy, o velho homem se dirigiu a ele novamente.

"Sem ter caído, como é que saberia quando ficar de pé?", ele perguntou.

"Sem ter sentido fome, como aprenderia a apreciar a abundância?"

"Sem o mal, como conseguiria medir o bem?"

"Sem a finitude da morte, como é que você apreciaria a vida?"

A última pergunta trouxe uma pontada de tristeza para o jovem, mas ele respirou fundo para abafar o choro e conteve suas lágrimas.

"Seu pai nos deixou", disse Velho Falcão gentilmente, "porque a morte veio através da doença. Se você sente necessidade de ponderar sobre as circunstâncias de sua morte, então você também precisa se lembrar de como ele viveu."

"Experiências difíceis, quer estejam relacionadas a tristezas, perdas, fome, pobreza, doença, ou à morte, raramente acontecem porque você as tenha convidado para sua vida. Mas quando a vida de fato coloca adversidades em seu caminho, ela sempre oferece uma oportunidade para aprender a ser forte. Esse é o presente que passou despercebido."

"Não é fácil, eu sei, pensar nesse tempo e nessa tristeza como um presente. Mas você pode fazer com que isso aconteça vivendo um momento de cada vez, um dia de cada vez. No final desses momentos e desses dias, você estará mais forte. Este será o seu presente."

Velho Falcão estudou o semblante de seu neto de maneira discreta. Nos olhos do jovem, viu um espírito em turbulência. Mas também havia sinais de uma mente em profunda reflexão. Paciente como sempre, o velho homem mergulhou no silêncio. Finalmente, Jeremy suspirou e falou:

"Vô", ele disse, "eu sei que, em geral, a negação é a primeira reação que surge ao se lidar com a tristeza e a perda. Acho que posso estar fazendo isso."

O velho homem aquiesceu com a cabeça. "Bem", ele respondeu, "o mal virá quer o neguemos ou não. Os bons momentos, os caminhos fáceis, a felicidade e todas as coisas positivas que experimentamos são somente uma parte da realidade. Há também o negativo, os momentos ruins e as dificuldades."

A realidade é que o sol não brilha o tempo todo. Brisas gentis podem se transformar em furacões. Excesso de chuva pode virar uma enchente, e excesso de sol pode causar a seca. A vida é a vida – ela é como é. Não oferece certezas, a não ser a de que ela vai continuar com ou sem você. O sol irá nascer e se pôr todo dia. Apesar das nuvens obscurecerem sua percepção, e você não o vir subindo e descendo, ele o fará, não obstante. Assim, as estações seguem seu ciclo infalível, sem esperar por ninguém nem por nada. As estações se transformam em anos e os anos em eras. Sem esperar nem se importar se você participa delas, mas nunca negando a você a escolha de fazê-lo. Elas vão continuar, e você também deve fazer o mesmo, porque sua viagem está esperando por você. E, em sua viagem, você aprenderá sobre a realidade e o equilíbrio.

"Realidade e equilíbrio?", perguntou Jeremy.

"Sim. Se há veracidade, então há mentiras. Há generosidade."

"E há ganância", disse Jeremy.

Velho Falcão sorriu. "Há ódio", disse ele.

"E há amor", Jeremy respondeu.

"Há guerra."

"E há paz."

"Há desespero."

"E há esperança."

"Há pesar."

"E há conforto."

"Há derrota."

"E há vitória."

"Há cansaço."

"E há descanso."

"Há morte."

"E há nascimento."

Velho Falcão aquiesceu com a cabeça, demonstrando sua aprovação. "É bastante natural que você pense, deseje, e algumas vezes até reze para que as coisas más não aconteçam em sua vida", disse ele. "Você deve aprender que as respostas a esses desejos e orações já foram dadas a você antes que as desejasse e rezasse por elas. Há o amor para superar o ódio. A generosidade pode diminuir a ganância; a veracidade pode revelar as mentiras, da mesma maneira que o vento faz secar a enchente e as chuvas acabam com a seca."

"A vida é assim – ela é o que é."

Jeremy olhou para além de seu avô, fitando as imensas pradarias que se esticavam até os horizontes. Ele suspirou e aquiesceu com a cabeça.

"A vida é uma viagem na qual às vezes andamos na luz, e outras vezes nas sombras."

"Vô", disse Jeremy, "por que eu nunca o vi com medo?"

"Porque você não tem me observado com atenção", respondeu Velho Falcão. "Eu tive medo muitas vezes na vida. Neste exato momento há um medo que trago dentro de mim. Tenho receio de perder sua avó."

Jeremy ficou perplexo. Ele nunca tinha ouvido seu avô admitir qualquer tipo de medo, mas ele o fez de uma maneira tão natural. "Espero que possa admitir meus medos de forma tão calma assim", disse Jeremy.

"Muitas coisas vêm com a idade", Velho Falcão assegurou-lhe. "Sua avó e eu estamos velhos. Estivemos juntos a maior parte de nossa vida. Se ela morrer antes, ficarei perdido."

"Todos tememos alguma coisa. Mas isso não deve nos impedir de seguir em frente todos os dias. Não devemos andar sempre com medo da sombra quando estamos na luz. Com certeza, não sabemos quando ou como os momentos difíceis, ou ruins, virão, mas se aceitarmos que virão, então fica mais fácil enfrentá-los quando chegarem."

"E lembre-se sempre de que tudo o que causa sombra é menor do que a fonte de luz."

Jeremy olhou para cima, para o sol sobre as folhas do choupo que farfalhavam. A árvore era um gigante, mas era infinita e incompreensivelmente menor que o sol. "Bem", ele perguntou, "se o sol é uma metáfora do bem, você está dizendo que as coisas boas vão prevalecer sobre as más?"

Velho Falcão protegeu os olhos do sol e olhou para cima, por entre os galhos das árvores. "Algumas vezes isso acontece, ou pode acontecer", ele disse. "Mas o fato é que nem sempre conseguimos evitar a sombra. Meu pai me contou uma história sobre as sombras e o brilho do sol quando eu era jovem. É a história de dois viajantes."

Dois homens viajavam por toda a extensão do território banhado pela luz do sol. Um era um artesão e o outro um advogado[3]*. Sua viagem estava agradável. A*

---

3. No original foi utilizada a expressão "*reader of the law*", que corresponderia a "estudioso da lei" em uma tradução literal para o português, mas segundo o autor esta expressão se refere a "advogado". Portanto, optamos por usar a versão mais concisa (N.T.).

estrada era ampla e havia hospedarias nas quais podiam descansar durante a noite. Policiais e soldados costumavam passar por essa estrada, então os dois viajantes sabiam que estavam a salvo de ladrões ou de qualquer um que quisesse causar-lhes mal. Por conseguinte, apesar de essas circunstâncias serem bênçãos, a viagem estava sem empolgação ou desafios. Após vários dias, a estrada levou-os a uma floresta alta, muito escura e fechada. O advogado parou na beira da floresta e se negou a dar mais um passo.

"Precisamos entrar na floresta", insistiu o artesão. "Ela faz parte da viagem."

"Mas eu não gosto dessas sombras profundas", disse o advogado. "Não sei o que poderia estar se escondendo aí na escuridão. Pode haver ladrões prontos a nos atacar, ou talvez animais ferozes e selvagens."

"É verdade", respondeu o artesão. "A floresta é um lugar onde muitas coisas habitam. Pode haver outros viajantes, ou coisas desconhecidas e perigosas. Porém não saberemos até que entremos nessas sombras. Mas há algo lá que é a coisa mais perigosa de todas. Isso eu sei com certeza."

O advogado recuou amedrontado. "O que você quer dizer? O que pode ser mais perigoso do que ladrões ou animais selvagens?"

"Os seus medos", respondeu o artesão, ao entrar na floresta.

Ele se embrenhou nas sombras. Por mais de uma vez, escondeu-se de quadrilhas de ladrões que esperavam para assaltar pessoas. Em outra ocasião, subiu em uma árvore para escapar do alcance de um urso feroz. Antes de chegar ao outro lado da floresta, teve que se desviar da trilha para encontrar água, e se perdeu. Mas conseguiu encontrar a trilha novamente e, após vários dias e noites, conseguiu sair do outro lado da floresta, e encontrou novamente o brilho do sol.

Enquanto isso, o advogado permaneceu na beira da floresta, com medo de enfrentar as sombras.

"O que você acha que aconteceu com o homem, o advogado", perguntou Jeremy, "ele ficou na beira da floresta?"

"O que você acha?", retorquiu Velho Falcão.

"Bem, acho que, às vezes, nós criamos nossas próprias sombras", ponderou Jeremy. "Então, talvez, ele nunca tenha chegado a perceber que seus medos tornavam a floresta mais escura do que ela realmente era."

"E o que o artesão aprendeu?", perguntou o velho homem.

Jeremy pensou por um instante. "Às vezes temos que aguentar a escuridão, e o que ela traz consigo. Se fizermos isso, vamos valorizar a luz.

Então, o homem que não quis entrar na floresta estava tentando negar o fato das sombras fazerem parte da vida", concluiu Jeremy.

"É verdade. Além disso, ele se deixou vencer por seus medos e negou a si mesmo a experiência de enfrentá-los", respondeu o velho homem. "Então, aprendeu a lição errada. Todos nós fazemos isso de vez em quando. Em lugar de me preocupar sobre como vou encarar a vida sem a sua avó, vou aproveitar o tempo que ainda temos juntos da melhor maneira possível, e agradecer ao Avô[4] pela vida que Ele nos deu."

---

4. O Povo Lakota se refere a Deus com o apelativo de "Avô" (N.T.).

Capítulo 2

Velho Falcão entrou em um outro período de silêncio, mas dessa vez um silêncio mais longo. Entretanto, Jeremy já estava acostumado com esse hábito. Todos os idosos costumavam usar o silêncio para falar por eles. E o jovem fez o que era esperado que fizesse: ele aguardou.

As folhas continuavam a farfalhar e a brisa também movimentava a grama crescida à sua volta. Em seguida, o velho homem notou um falcão que voava em círculos sobre o choupo, e apontou para o pássaro. Eles o observaram juntos até que a ave planou em direção ao oeste e se tornou um pequeno ponto no horizonte.

Jeremy deu um suspiro. “Deve ser bom saber para onde se está indo”, ele ponderou. “Pelo menos na maior parte do tempo.”

"Bem", disse o velho homem, "você e aquele falcão têm muito em comum."

O jovem esperou mais uma vez.

"O que está guiando aquele falcão?", o velho homem perguntou. "Será que ele está se deixando levar pelo vento? Ou será que está seguindo sua própria vontade?"

"Talvez o vento esteja soprando na mesma direção que o falcão queira ir", sugeriu Jeremy.

Velho Falcão sorriu.

"A vida é como o vento", disse ele.

"Você não pediu para nascer, mas está aqui."

"Se aquele falcão não se importar com a direção para onde o vento o leva, estará permitindo que o vento escolha por ele", enfatizou Velho Falcão. "Se, conforme você disse, o vento estiver soprando na mesma direção que o falcão quer ir, então ele estará fazendo a escolha. É isso que você e o falcão têm em comum: os dois estão sujeitos às próprias escolhas."

"Mas, apesar disso, nós não temos um controle total", Jeremy observou. "O que os outros fazem nos afeta, ou pode nos afetar."

"Sim, com efeito. Nessa viagem cheia de escolhas, sua vida foi iniciada como consequência da escolha feita por seus pais. O onde e o como você veio a este mundo não podem ser mudados. O início de sua viagem está gravado na pedra inflexível do passado. Você não deve perder seu tempo nem seus esforços desejando que fosse diferente do que foi de fato."

"Você é consequência do sangue daqueles que o colocaram nesta viagem. Isso também é imutável. O que você vê na lagoa, o reflexo da verdade, é quem você é. Você não pode mudar isso, então, é aconselhável não praguejar contra. A escolha mais inteligente é aceitar e fazer disso sua força."

"O ser humano que estará no final de sua viagem vem sendo formado durante seu percurso, moldado pelos diferentes caminhos que você escolhe. Essas escolhas, esses caminhos, irão acrescentar ou subtrair de você quem você está se tornando."

"E a viagem é sempre perfeita, seja lá quais forem os caminhos que você escolher. Há uma história sobre escolhas que sua avó gosta de contar."

Duas mulheres, já não tão jovens, estavam sentadas juntas e conversavam sobre a vida que tiveram. A primeira mulher tinha se casado jovem e criara vários filhos. Ela e seu marido trabalharam com afinco para ter um lar e sustentar sua família. Passaram a vida naquela casa em um vale próximo a um rio. Nenhum dos dois tinha viajado para qualquer lugar que fosse muito longe de seu vale. Conforme o tempo foi passando, seus filhos cresceram e mais tarde tiveram seus próprios filhos. Mas todos os anos e anos de trabalho pesado finalmente causaram danos para a saúde de seu marido, e ele acabou morrendo.

A segunda mulher, por outro lado, tinha se casado com um homem que era um importante funcionário de alto escalão. Suas atribuições faziam com que ele se ausentasse de casa para lugares distantes. Ela viajava, com frequência, com o marido, e, portanto, visitara muitas terras e conhecia povos de diferentes origens. Apesar de sua casa estar cheia de tesouros desses locais afastados, não havia filhos. Seu marido não quisera ter filhos, com receio de que prejudicassem sua carreira, ao que ela aquiesceu.

Então, conforme as duas mulheres conversavam, ocorreu-lhes uma questão. Por que as coisas não se passaram de maneira diferente? A ideia de que pudessem ter tido uma vida diferente lhes incomodava. Vendo-se incapazes de encontrar uma resposta, decidiram procurar uma senhora muito idosa, muito conhecida por sua sabedoria e bondade.

A velha senhora ouviu as histórias das duas mulheres, e também suas questões sobre o que poderia ter acontecido. Não ficou surpresa ao ouvi-las descrever sua vida, os sonhos realizados e os não realizados. Quando terminaram, foi até um armário e tirou de lá dois cobertores tecidos a mão, igualmente cinza e sem enfeites. Deu um cobertor para cada mulher e, em seguida, deu-lhes agulhas e muitos novelos de linha de diferentes cores.

"Enfeitem seus cobertores, cada uma o seu", instruiu a velha senhora. "Quando tiverem terminado,

tragam-nos para mim. E, então, conversaremos novamente."

As duas mulheres ficaram um pouco surpresas, mas fizeram conforme a velha senhora havia lhes instruído.

Muitos dias se passaram e as mulheres voltaram. Cada uma tinha decorado um lado inteiro de seu cobertor. A velha senhora ficou contente.

"Vamos ver os seus cobertores", disse ela, pendurando-os na parede.

"Bem, bem, vejamos", ela disse sorrindo com discrição. "Exatamente como eu havia pensado. Apesar de eu ter dito para enfeitarem seus cobertores, cada uma contou a história de sua vida."

E, de fato, foi o que fizeram.

No cobertor da primeira mulher havia uma série de cenas, pequenas ilustrações de sua vida. Primeiro havia um homem e uma mulher, em seguida bebês e crianças, e também crianças que viraram adultos, com seus próprios bebês. Um homem e uma mulher cultivando a terra e trazendo a colheita; uma casa que ficava perto de um rio, em um vale, sob um céu aberto. Ela tinha usado quase todas as cores dos novelos de linha; verdes vibrantes, azuis brilhantes, vermelhos ousados, amarelos resplandecentes, tons de lilás reconfortantes e laranjas suaves.

A segunda mulher também tinha utilizado as mesmas cores, apesar de que, como era de se esperar, as pequenas ilustrações de sua vida fossem diferentes. Em seu cobertor havia representações de trens, barcos e de regiões desérticas, cordilheiras de montanhas e grandes cidades, e de pessoas com vários estilos de vestimentas, e animais de formatos e cores diferentes.

"Vocês vieram até mim e perguntaram se sua vida deveria ter sido diferente. Creio que cada uma respondeu à sua própria pergunta. A vida de cada uma poderia ter sido diferente, se vocês tivessem feito escolhas diferentes; se tivessem ido para a esquerda em lugar da direita, se tivessem dito 'não' em lugar de 'sim'. Se a vida de vocês fosse inaceitável e vocês estivessem realmente infelizes com ela, teriam contado a história de sua vida como gostariam que ela tivesse sido. Entretanto, vocês a contaram como ela foi na realidade. Vocês poderiam ter modificado as suas histórias, mas não o fizeram. Agora, podem pensar sobre as escolhas que farão a partir desse momento."

As duas mulheres levaram seus cobertores para casa, e cada uma encontrou uma parede para pendurá-los. Todas as manhãs, ao se levantarem, olhavam para seus cobertores e encaravam o dia com um sorriso. Toda noite olhavam para seus cobertores e sussurravam uma prece em agradecimento.

E, se algum dia você fosse visitá-las e visse os cobertores, é muito provável que ficasse tão atraído pe-

las imagens e cores que nem chegasse a perceber que os cobertores eram cinza antes de serem trabalhados.

Jeremy olhou para as mãos de seu avô, ásperas e marcadas pelos anos de trabalho pesado. Ele não podia imaginar seu avô sendo qualquer outra pessoa diferente. E ele se perguntava que escolhas tinham-no guiado. Como será que ele teria cavalgado os ventos?

"Vô, alguma vez você já desejou que sua vida fosse diferente?", ele perguntou.

Velho Falcão respondeu sorrindo de maneira discreta e suave. "Todos nós o fazemos vez por outra. Pensamos que 'deveria ter sido diferente', em geral, quando fomos envergonhados, ou constrangidos, ou quando falhamos de alguma maneira. Há lugares no mundo que eu gostaria de ter visto. Locais que você viu e descreveu para mim, como por exemplo o Grand Canyon, aquela montanha no Alaska, Denali, e os oceanos que viu. Entretanto, nesse momento, sou grato por ser quem sou, e pelo que sou, e pelo que minha vida se tornou. Passei por decepções, com certeza. Mas também conquistei o amor e a lealdade de uma excelente mulher: sua avó. Ela é o alento em minha vida. Tivemos a sorte de ter dois filhos ótimos: sua mãe e seu tio. Agora você, e nossos netos, estão em nossa vida. Eu tive a bênção de ver meus filhos se tornarem pessoas boas, generosas, fortes e amorosas, e agora estou cuidando de você também."

"Eu poderia ter desejado que as coisas fossem diferentes, mas não mudaria nada em minha vida. Nem as coisas boas, nem as ruins."

"Espero não desapontá-lo", Jeremy disse ao seu avô.

"Você não irá fazê-lo", o velho homem tranquilizou-o. "Porque sei que tentará fazer o que é certo e bom."

"Como é que pode ter tanta certeza?", Jeremy questionou. "Algumas vezes, eu não sei o que é certo e errado."

"Você tem tanto fraquezas quanto forças. Você tem as duas porque na vida tudo tem dois lados..."

Velho Falcão fez um gesto em direção ao velho e alto choupo que se erguia sobre eles. Sua circunferência era tão grande que um homem adulto não conseguiria encerrá-lo em seu abraço. O pai do Velho Falcão o tinha plantado ainda como uma muda em 1896, no mesmo ano em que havia recebido um lote de terras do governo.

"Esta árvore", disse ele, "tem guardado nossa família durante toda a sua vida. Força é o que sinto cada vez que olho para ela. Entretanto, houve momentos nos quais sua grande força também foi sua fraqueza."

"É difícil acreditar", disse Jeremy. "É a maior árvore em um raio de muitos quilômetros daqui."

Velho Falcão apontou para um matagal de arbustos de cerejas silvestres, no leito de um riacho seco não longe dali. "Olhe ali", ele disse, "aquelas árvores de cerejas silvestres são pequenas e fracas em comparação com o choupo. Mas, quando você era uma criança, elas sobreviveram a um tornado sem perder um só galho. Este velho choupo, por sua vez, perdeu vários galhos. Você sabe por quê?"

"Não", respondeu Jeremy.

"Porque, naquelas circunstâncias, a grande força do choupo se tornou sua maior fraqueza. Ele enfrentou a tempestade, mas não podia se curvar com o vento como podiam as árvores de cerejas silvestres."

"Às vezes nós cedemos às nossas fraquezas, como fez um jovem há muito, muito tempo..."

Nosso povo ainda vivia nas pradarias. Mas aconteceram tumultos, devido à presença crescente de forasteiros. Muitos dentre nosso povo tinham se submetido ao domínio dos forasteiros. Um grupo, entretanto, ainda era selvagem e livre, e vivia na região leste das Montanhas Brilhantes, as Montanhas Big Horn.

Durante aquela época de dificuldades, surgiu um homem no meio do povo que se tornou um bom líder. Era um guerreiro corajoso no campo de batalha e, em sua aldeia, ele se aconselhava com os anciãos e tomava boas decisões em favor do interesse do povo. Por este motivo, as pessoas vinham até ele, pois confiavam em seu julgamento, e durante muitos anos sua aldeia cresceu.

Um dia, um jovem veio até a aldeia desse sábio líder. Sua aldeia tinha sido atacada por forasteiros, e muitos haviam sido mortos ou capturados. Sobraram-lhe apenas as roupas que estava usando, suas armas e seu cavalo. Ele perguntou ao líder sábio se poderia se juntar a ele.

O líder sábio olhou para o pobre jovem e disse: "Estamos felizes em tê-lo vivo conosco. Mas, primeiro, você precisa fazer uma coisa."

"Sim", respondeu o jovem. "Diga-me o que fazer."

"Encontre a família mais pobre desta aldeia", o líder sábio instruiu ao jovem. "Dê a eles o seu cavalo."

O jovem ficou arrasado. Ele já tinha perdido seus amigos e parentes, e agora lhe era pedido que abrisse mão de seu bem mais caro.

"Tio", disse o jovem, "eu não posso. Além das roupas que estou usando e das armas que trago comigo, meu cavalo é tudo que tenho." Triste e confuso, o jovem se foi.

"Por que pediu ao jovem que desse seu cavalo?", perguntou um dos homens do conselho da aldeia.

"Porque queria que ele aprendesse que poderia fazer parte de algo maior do que seus próprios problemas", respondeu o líder sábio. "Nós temos muitos cavalos em nossa aldeia e eu lhe daria um de meu próprio rebanho. Mas, primeiro, queria ver se ele poderia

renunciar um pouco à sua dor, e fazer o sacrifício que eu lhe havia pedido. Nesse momento, todos precisamos fazer sacrifícios pelo bem de todos. Talvez, após pensar mais um pouco, ele volte."

"Portanto", disse Jeremy, "a fraqueza do jovem era o egoísmo."

"Sim", respondeu Velho Falcão. "E se ele conseguisse superá-lo, teria recebido muito mais do que o cavalo valia. Não só teria recebido um outro cavalo, mas a aldeia toda o teria acolhido."

"Então, como é que podemos superar nossas fraquezas?", perguntou Jeremy. "Elas fazem parte de nós tanto quanto nossas forças."

"Algumas vezes não conseguimos", disse Velho Falcão. "Lembre-se: para o nosso povo, o equilíbrio é essencial e deveria ser importante para todo mundo. É uma realidade no mundo natural. Noite e dia, vida e morte, quente e frio, molhado e seco, para cima e para baixo, macho e fêmea, esquerda e direita, por exemplo."

"As fraquezas e as forças são necessárias para o equilíbrio. Ninguém, nem nada, é só fraco ou só forte. Mas algumas pessoas não percebem suas fraquezas, e até mesmo negam que possam tê-las. Isso pode ser perigoso, porque a própria recusa da fraqueza já é, em si, uma fraqueza. Da mesma forma, o fato de aceitar que temos limitações se torna uma força. E, pela mesma razão, o fato de se superestimar a força é uma fraqueza. Você não deve se deixar cegar por suas forças. O fato de sentir-se forte não é o mesmo que ter força."

"Você não deve tampouco ignorar suas fraquezas. Conheça-as bem, também."

"No final das contas, aceite quem você é no momento que está vivendo. E, afinal, a sabedoria nasce tanto das fraquezas quanto das forças."

"Dentro de você há a vontade de vencer, assim como a disposição para perder..."

Velho Falcão olhou para longe por sobre a pradaria ondulante, e apontou para um pequeno rebanho de cavalos galopando através da pastagem.

"Quem está liderando o grupo é uma égua de doze anos", ele observou. "Ela está sempre liderando. Não gosta de perder, mesmo que seja só um galope."

"Você tem razão", disse Jeremy. "Aquela égua nasceu uma corredora."

"Não é só isso", respondeu o velho homem. "Aquela égua deu à luz vários corredores rápidos. Aquela que está tentando acompanhá-la agora é uma de suas potras. Ela está aprendendo com a mãe."

"Mas os cavalos nascem com a habilidade e o instinto de correr", Jeremy assinalou.

"Você tem razão. Aquela potranca já sabe como correr. Sua mãe está ensinando-a como vencer. Somos todos como aquela potranca, de certo modo. Pelo menos, todos começamos da mesma maneira. Assim como aquela potranca, você nasceu com o instinto para vencer. Todos nós o temos. É isso que nos tira do abraço de nossa mãe, e nos leva à viagem que é a nossa vida."

"Inicialmente, aquele instinto faz com que você queira sentar-se ereto para que possa ver o mundo à sua volta. Então, ele faz com que você engatinhe, quando você percebe que precisa se movimentar."

"Em seguida, você fica em pé porque algo misterioso lhe diz que terá uma visão mais ampla a partir de lá de cima. Você dá o seu primeiro passo, e depois mais um, porque sabe que precisa continuar se movimentando. Você sente que a viagem começa em um lugar e termina em outro."

"Apesar de cair muitas vezes, você se ergue novamente repetidas vezes, cada vez mais forte e com mais equilíbrio do que na vez anterior. Você tem como determinação que os fracassos não irão detê-lo, e que os êxitos irão somente fortalecê-lo. Você é encorajado a continuar tentando."

"Mas, apesar da vida chamá-lo, isso não é um sinal de que ela olhará sempre para você com bons olhos. Ela o chama porque você precisa fazer a sua viagem, e em breve aprenderá que nesta viagem também há decepção, fracasso, sofrimento, frustração, cansaço e dúvida. Da mesma maneira que se sentiu levado por sua determinação, você se descobrirá bloqueado pelo fracasso. Então, você aprende que dentro de si, junto com a vontade de vencer, há uma disposição para perder, para parar quando a montanha parecer muito íngreme, quando a estrada se tornar muito estreita e difícil. Essa disposição vai lhe falar de autocomiseração – e algumas vezes ela irá suplicar, e, outras, vociferar. Mas ela sempre tentará fazer com que você pare."

"Vô, qual é a diferença entre *vontade* e *disposição*?"

"Bem", disse Velho Falcão, "nós herdamos a *vontade* de tentar e de vencer. Afinal de contas, nós, que caminhamos com duas pernas, sobrevivemos nessa Terra durante Deus sabe lá quanto tempo. Incontáveis milhares de gerações, eu diria. Nós não sobrevivemos tanto tempo simplesmente porque temos sorte. Assim como aquela égua transmitiu algo para sua potranca, nós recebemos a mesma centelha, aquela dose de força de vontade que nos torna determinados."

"Em seguida, ao fazer com que experimentemos os fracassos, a vida vem nos ensinar como perder. Aprendemos que desistir é sempre uma opção. Aprendemos que é mais fácil e menos doloroso simplesmente desistir."

"Então, em consequência disso, uma disposição para perder entra em cena furtivamente, como parte da realidade do fracasso. Não nos é atribuído um pré-determinado número de vitórias na vida, ou um número estabelecido de fracassos; somente o conhecimento de que vitórias e fracassos irão acontecer."

"Por outro lado, o fato de perder apesar de ter se esforçado ao máximo diminui a disposição para aceitar a derrota."

"Você se lembra da história do Grande Caminhante? Acho que você ainda era um menino a primeira vez que a contei para você."

Jeremy aquiesceu com a cabeça, conforme foi se lembrando da história, justamente quando a brisa fez com que as folhas do choupo farfalhassem um pouco mais alto.

"Eu não consigo me lembrar de quase nada dessa história, talvez por causa de minha idade avançada", Velho Falcão disse sorrindo com discrição. "Talvez você possa refrescar a minha memória."

Jeremy limpou a garganta, um tanto surpreso com o lapso repentino do velho homem. Então, percebeu que havia uma razão para que seu avô quisesse que ele contasse a história. "Eu acho que me lembro dela sim", disse ele.

Grande Caminhante fazia parte de nosso povo. Seu nome era diferente antes do incidente. Ah, eu acho que era Folha Vermelha, porque nasceu quando as folhas estavam mudando de cor. De qualquer maneira, o inverno estava próximo e as pessoas tinham se estabelecido ao longo do Grande Rio Barrento, o Rio Missouri. E eis que esse foi um dos invernos mais frios de todos os tempos.

Chegou um homem branco, um mercador de peles, voltando rio abaixo. Naquela época não era raro que mercadores viajassem sozinhos pelo país. Ele ficou na aldeia durante alguns dias e depois continuou seu caminho. Mas trouxe uma doença para a aldeia; uma doença acompanhada pela tosse, provavelmente a coqueluche.

Um grande número de pessoas caiu gravemente doente, e algumas delas morreram após alguns dias. A população não sabia o que fazer, porque não havia nenhum curandeiro entre eles, e as velhas mulheres que conheciam sobre plantas curativas pouco podiam fazer contra uma doença que era nova para elas. Portanto, os caciques decidiram que a melhor coisa a fazer seria mandar buscar ajuda. Mas o melhor cavaleiro entre eles era um dos que tinham ficado doente. E, apesar de alguns dos caciques não confiarem que ele fosse capaz, pediram a Folha Vermelha que fosse, somente porque era um dos únicos que não estava doente. Então, ele concordou em viajar para o norte, para uma outra aldeia, e trazer o remédio do curandeiro deles.

Porém, antes de chegar à aldeia, caiu uma tempestade, uma verdadeira tormenta acompanhada de forte nevasca. Entretanto, apesar da neve e dos ventos frios, Folha Vermelha continuou, algumas vezes caminhando à frente de seu cavalo, quando a neve estava muito alta para cavalgar.

Conseguiu encontrar a outra aldeia e contou sua história para os caciques e para o curandeiro. Em seguida, o pajé realizou uma cerimônia e preparou o remédio para Folha Vermelha levar de volta, feito com as folhas caídas de uma determinada planta.

Após uma única noite de descanso, Folha Vermelha tomou o caminho de volta para sua aldeia, com o remédio na mochila. Mas o tempo só piorou. Outra nevasca veio uivando do norte, com ventos tão fortes que até os búfalos buscaram abrigo nos matagais e nos barrancos. Folha Vermelha teve que parar a viagem por dois dias. E mesmo depois que a tempestade havia passado, a neve estava tão alta que seu cavalo ficou exausto só de tentar caminhar nela. Para piorar as coisas, a neve tinha coberto as gramíneas que, em geral, os cavalos arrancavam para pastar. Assim, sem comer, o pobre cavalo ficou fraco e começou a tropeçar.

Folha Vermelha não estava disposto a abandonar seu cavalo. Então, buscou refúgio em um matagal de cerejas silvestres e improvisou sapatos para neve. Felizmente, conseguiu encontrar um bosque de choupos jovens, e arrancou sua casca para que seu animal pudesse comer. Como foi que os cavalos descobriram que a casca do choupo jovem era um bom alimento, eu nunca fiquei sabendo.

Via de regra, Folha Vermelha teria construído um abrigo e permanecido aquecido esperando que o tempo melhorasse. Mas o remédio que trazia era aguardado desesperadamente. Por isso, ele continuou puxando seu cavalo.

Acabou chegando o dia em que a comida de Folha Vermelha terminou, e a neve não estava derretendo. Após dias de caminhada com neve quase pela cintura, Folha Vermelha sucumbiu. Cansado e fraco, ele quase perdeu a consciência de onde estava. Mas, de alguma maneira, encontrou forças para se erguer e seguiu em frente. Por várias outras vezes, caiu, e cada vez era mais difícil ficar em pé novamente. Por fim, tudo que conseguia fazer era segurar a corda no pescoço de seu cavalo e deixar que este encontrasse o caminho de volta para sua aldeia. Chegaram mortos de fome e quase congelados. Folha Vermelha dormiu durante dois dias, mas nesse ínterim as pessoas que estavam doentes receberam o medicamento. Dentro de alguns dias, a maior parte dos doentes começou a dar sinais de melhora.

Na primavera, a aldeia fez uma homenagem a Folha Vermelha com um banquete e, na ocasião, deram-lhe o nome de Grande Caminhante. É isso que consigo me lembrar da história.

"Sim, foi assim mesmo", disse o velho homem. "Em geral, nós a vemos como uma de nossas histórias de 'heróis', porque ele trouxe de volta o medicamento que curou os doentes e salvou vidas. Meu avô, quando era menino, ouvia essa história contada pelo próprio Grande Caminhante. Ele disse que tudo o que queria fazer era dormir na neve, por estar tão exausto. Uma parte dele tinha desistido, mas a outra parte não."

"Nem todo mundo tem esse tipo de determinação, vô", disse Jeremy.

"Talvez, mas Grande Caminhante nos ensinou algo. Nós nos esquecemos de que todos os heróis têm seus momentos, uma encruzilhada na estrada, por assim dizer. Um dos caminhos leva ao fracasso, o outro ao êxito. Se tivesse desistido por estar tão exausto, provavelmente teria morrido congelado. Se tivesse morrido, então as pessoas doentes de sua aldeia teriam morrido sem o medicamento. Mas, por ter descoberto uma maneira de se manter de pé, Grande Caminhante nos ensinou que é melhor seguir em frente enquanto sabemos que ainda há força para dar mais um passo."

"Dentro de você há o coração para sentir compaixão, bem como a pequenez da arrogância."

Aconteceu alguns anos depois do conselho em Long Meadows, por volta de 1854, quando vários homens partiram para um ataque surpresa, uma vingança. Eles iam rumo ao território inimigo, que ficava a muitos dias na direção sul do Rio Shell (Rio Concha, para os Lakota). O Shell era chamado de North Platte pelos forasteiros. Certamente, milhares de suas carroças viajavam em direção oeste ao longo do rio, seguindo a estrada que eles chamavam de Trilha de Oregon. Nosso povo a chamava de Estrada Sagrada. Mas aqueles homens aprenderam algo mais importante que a vingança.

Os guerreiros chegaram a uma cordilheira que dava para a Estrada Sagrada. Eles queriam se certificar de que não houvesse nenhum forasteiro com suas carroças no vale do rio. Queriam cruzar o Rio Shell sem serem vistos, na medida do possível. Os forasteiros trouxeram doenças terríveis, que dizimaram muitas tribos diferentes nas pradarias. Aconteceu que uma caravana de carroças tinha acabado de passar. Mas, enquanto se preparavam para cruzar o vale do Rio Shell, os guerreiros viram uma carroça sozinha em um bosque de árvores. Eles se aproximaram e viram uma mulher com duas crianças pequenas ao lado do que, obviamente, era uma sepultura recente. A mulher estava chorando.

A maioria dos homens no grupo eram jovens e queriam simplesmente deixar a mulher e suas crianças à mercê do destino. Afinal, eles eram forasteiros e a sua espécie estava trazendo somente problemas. Os jovens achavam que a mulher e seus filhos mereciam qualquer destino que lhes aguardasse. Mas o líder dos guerreiros era um homem com experiência, e sabia que não haveria nenhuma ameaça proveniente de uma mulher e duas crianças. Ele surpreendeu os outros quando cavalgou até o matagal. Com certeza, a mulher e seus filhos não estavam somente surpresos, mas aterrorizados. Todas as histórias que haviam sido contadas sobre os "selvagens sanguinários" devem ter passado, como um flash, diante de seus olhos ao ver um guerreiro cavalgando em sua direção. Devem ter pensado que iriam morrer em breve.

De alguma maneira, o líder guerreiro foi capaz de acalmar a mulher e as crianças, que tinham se arrastado para debaixo da carroça, quando os outros guerreiros apareceram de repente. Ele fez um chá em sua panela e ofereceu a ela e seus filhos. Ainda assim, o medo era o sentimento que prevalecia. Os forasteiros estavam com medo dos guerreiros, e os guerreiros tinham medo de pegar alguma doença abo-

minável. O líder convenceu um de seus jovens companheiros a cozinhar um pouco da carne fresca, de um animal que tinham matado anteriormente. De modo geral, deve ter sido uma refeição esquisita, com desconfiança em ambos os lados. Mas a noite passou sem incidentes.

O líder guerreiro supôs que a mulher provavelmente tivesse ficado viúva recentemente, e tivesse sido deixada para trás por seu povo. Na manhã seguinte, tentou se comunicar com ela através de gestos e por meio de desenhos rudimentares no chão. A mulher respondeu com hesitação. Por meio de sinais de mãos e desenhos, ela deu a impressão de que queria se reunir à caravana de carroças que a tinha abandonado.

Os guerreiros deliberaram. A maioria era a favor de abandoná-la, mas o líder convenceu o grupo a ajudá-la, antes de continuarem sua viagem para o sul. Mesmo assim, dois dos mais jovens se afastaram revoltados, e os outros ficaram. A primeira coisa que os guerreiros fizeram foi recuperar os bois da mulher, que tinham se desgarrado. Nunca tinham visto criaturas tão lentas, ou tão teimosas, quanto aqueles bois. Entretanto, conseguiram encontrar os quatro animais e a mulher os atrelou à carroça. Depois de realizar o que obviamente deve ter sido uma pequena cerimônia no túmulo recente, a mulher colocou seus filhos na carroça e o estranho cortejo começou.

Nunca antes, ou possivelmente desde então, os guerreiros tinham escoltado esse tipo de carroça com seus ocupantes. Uma aliança improvável, se é que existisse alguma. Após dois dias, avistaram as carroças que tinham abandonado a mulher. Então, os guerreiros pararam e ela continuou. Eles permaneceram em uma montanha até que pudessem ver que a mulher tinha conseguido se juntar novamente a seu povo. Depois disso, os guerreiros retomaram a trilha da vingança novamente.

Jeremy balançou a cabeça devagar. "O que aconteceu a esses guerreiros? Eles voltaram vivos de seu ataque surpresa?", ele perguntou.

"Pelo menos um, ou alguns, sobreviveram, uma vez que a história da mulher com seus filhos foi contada", disse o velho homem. "E há menções em algumas histórias aqui e acolá de que o líder dos guerreiros foi criticado e ridicularizado por ter ajudado a mulher."

"Por que você acha que ele quis ajudá-la?", Jeremy perguntou. "Afinal de contas, ela fazia parte do povo que acabou sendo o pior inimigo deles."

"Se você acha que aqueles homens, que eram como seu pai, e meu pai, e meu avô, pudessem ser desatentos à situação difícil dela, então talvez parte de você também acredite nas histórias de que nós éramos 'não civilizados'. Eu acho que eles ajudaram-na porque eram os mais civilizados. Ou talvez por causa dos valores que aprenderam com suas famílias. Porque aqueles valores lhes diziam que todos merecem a compaixão."

"Eu acredito nisto: todos nós chegamos neste mundo puros e incorruptos. Ao nascermos, cada um de nós é esperança e oportunidade. Esperança de que nos manteremos no caminho da bondade, e uma oportunidade para que outros nos moldem à sua imagem e nos imbuam com seu caráter."

"Mas conforme a realidade de nossa viagem se estabelece, o caminho que nos é dado, ou o que tomamos, molda-nos e nos guia de uma boa maneira, algumas vezes até mais do que o sangue que pulsa em nossas veias."

"Conforme trilhamos nossa viagem, muitos não resistem ao desejo de avaliar a si mesmos e aos outros, através de quantos bens mundanos conseguimos ou podemos conseguir. A lição falsa é que aquele ou aquela que tiver mais é melhor."

"É verdade que a riqueza compra o poder e a influência, mas não compra os princípios morais, ou a bondade, ou a compaixão. A busca da riqueza pode nos cegar para o fato de que todos nós, ricos ou pobres, podemos ser generosos com nosso tempo, nosso amor, nossa bondade e nossa compaixão. Todos podemos ter uma provisão ilimitada dessas virtudes, e muito mais."

"Toda e qualquer pessoa que não pratica a compaixão ignora a realidade de que todos precisamos dela em algum momento de nossa vida; nós nos esquecemos de que alguém nos abençoou com a compaixão quando precisamos. Essa é a pequenez da arrogância. É uma doença da alma. Pode ser altamente contagiosa. A ignorância é sua transmissora. Ela devasta a alma daqueles que pensam que não há nenhuma realidade além deles."

"Aqueles que padecem da pequenez da arrogância pensam que a má sorte é culpa daqueles que estão sujeitos a ela e que a boa sorte é um privilégio que lhes pertence. Qualquer que seja o caminho que você escolha, meu neto, não sucumba à arrogância, colocando assim a sua alma em perigo."

"Dentro de você há tanto o caminho para enfrentar a vida, bem como o medo que faz com que fuja dela."

Depois de um outro período de silêncio, Velho Falcão lançou um olhar rápido para seu neto. A face do jovem já não estava mais tão oprimida pela dor e confusão. O velho homem sorriu de maneira quase imperceptível e olhou brevemente para cima, para as folhas que farfalhavam com suavidade.

"Meu neto", disse ele, "Você sabe que, entre o nosso povo, a maneira como vivemos e agimos no ano que se segue à morte de alguém que amamos é muito importante. Acreditamos que a maneira como você se sente, como age e lida com suas emoções, durante esse tempo, é a maneira como você será como pessoa para o resto de sua vida. Acreditamos nisso porque sabemos que a totalidade da vida não termina porque uma vida terminou. A vida continua. Nossa família sofreu a perda do seu pai, e, especialmente em um momento como esse, precisamos permanecer centrados e fortes."

"Eu sei disso, vô, mas não é fácil", Jeremy confessou.

"É por isso que fiquei feliz de você ter vindo, para que eu pudesse ajudá-lo de alguma maneira. Para que pudesse lembrá-lo de que a viagem que todos estamos fazendo inclui um aprendizado constante."

"Algo nos mantém em movimento, ou sussurra em nosso ouvido, que devemos nos manter em movimento para prosseguirmos."

"É essa força misteriosa, muitas vezes indefinível, que é a própria vida. Nos dias de nossa juventude, ela habita principalmente em nossa carne, em nossos ossos e em nosso sangue. Mas no outono de nossos anos ela nos conduz ao conhecimento e à sabedoria."

"Essa força indefinível que a vida nos dá é a habilidade de enfrentar o que ela traz para nossa viagem. Mas, se você ceder ao medo e à incerteza em momentos como este, poderá ficar como o homem que ficou conhecido como o Espectador."

Um determinado jovem nasceu com uma pele muito clara, apesar de seu irmão e sua irmã terem a pele da cor de um cobre intenso. A mãe do menino o mantinha coberto e raramente permitia que saísse da cabana. Somente nos dias cinzentos lhe era permitido brincar ao ar livre. Conforme os anos foram passando, ele começou a ficar com medo do sol.

Seus medos o mantinham na sombra e ninguém se surpreendia por ele sair de sua cabana somente à noite. Ele não participava da vida da aldeia. Apesar de ter se apaixonado por uma jovem, não tentava conquistá-la, porque ela gostava de andar na encosta coberta de capim e brincar nos riachos de água fresca sob a luz do sol.

Ficou conhecido como o homem sem face, e conforme foi se tornando mais velho, permanecia na sombra e observava os outros viverem sua vida. E quando as pessoas o flagravam observando, ele se escondia fora do alcance da visão.

Após muitos anos, ficou conhecido simplesmente como o Espectador, e fica até hoje à margem da vida, simplesmente observando. Talvez você o tenha visto de relance, enquanto ele se escondia de seu olhar, justamente quando você pensava que ele o estava observando. Ele será para sempre aquela sombra à margem da vida.

"O fato de enfrentar a vida não garante o êxito", disse Velho Falcão. "Mas ceder ao medo e fugir dele, com certeza, garante o fracasso."

“Não enfrentar a vida é não ganhar experiência, e o fato de não ganhar experiência limita o conhecimento. Sem conhecimento não podemos alcançar a sabedoria.”

“Para usufruirmos de tudo que a vida tem para dar, precisamos enfrentá-la, seja lá como for.”

Capítulo 3

De repente a brisa fez uma pausa, como se a vida estivesse tomando um fôlego profundo, e a calma tivesse descido sobre eles. O choupo parou sua canção. O jovem olhava fixamente para as folhas imóveis. E ele sentiu o silêncio profundo e absoluto.

Velho Falcão dirigiu seu olhar para a grama, enquanto o silêncio persistia. Esperou e, em alguns minutos, uma brisa suave retornou e começou a movimentar as folhas novamente, levando-as a emitir sussurros melodiosos.

"A Terra tem um coração que pulsa", disse Velho Falcão. "Entre seus batimentos está o silêncio. Esse silêncio é o momento em que a força de vida da Terra acumula energia para a próxima pulsação. Você precisa aprender a fazer o mesmo. Usar o silêncio para se reabastecer."

"A vida pode lhe dar força..."

"A vida dá e a vida toma", disse o velho homem. "A vida toma o nosso tempo, e a cada dia que passa estamos mais próximos do final de nossa viagem nesta Terra. Ela toma nossos esforços, nosso suor, nossas melhores intenções, nossos melhores ideais, sonhos, sacrifícios... e ainda pede mais. Em seguida, lança obstáculos em nosso caminho, surpresas, decepções, indiferença, confusão, dúvidas e desgostos."

"Entretanto, a vida nos dá mais do que o óbvio."

"Se conseguirmos aprender a olhar para trás, para as dificuldades que conhecemos, quer sejam elas novas ou antigas, então conseguiremos ultrapassá-las, pelo menos com o passar do tempo. O fato de estarmos olhando para trás, para uma experiência difícil, através da perspectiva do momento atual, significa que conseguimos sobreviver a ela. A experiência pode ter nos afetado, como as dificuldades o fazem, mas, quaisquer que sejam as nossas perdas, conseguiremos sobreviver."

"A sobrevivência é uma vitória porque sabemos, ou somos obrigados a saber, que é possível.

A experiência e a dificuldade nos ensinaram, e fizeram com que nos lembrássemos de que podemos ser fortes."

"A vida pode ser, e com frequência é, uma série de períodos árduos e de problemas difíceis, que parecem não fazer nada além de impedir que alcancemos a satisfação e encontremos a felicidade. E, como era de se esperar, preocupamo-nos com aquilo que deixamos de realizar. Infelizmente, isso nos impede de perceber que podemos estar ganhando algo diferente e inesperado."

O velho homem fez uma pausa e a brisa rodopiou através da pradaria. A alguns metros do choupo, um pequeno rodamoinho se formou e dançou sobre a relva. Levando uma coluna de poeira, ele subiu pelos ares.

Jeremy observava enquanto a poeira se misturava com o azul do céu. Seu avô lhe tinha dito, inúmeras vezes, que o espírito de alguém sempre voltava em um rodamoinho.

"O seu pai me contou uma história", disse Velho Falcão. "Ele disse que a ouviu no estrangeiro, quando estava no exército."

Uma aldeia se encontrava aninhada em um vale que existia além das montanhas, longe da agitação e da correria do mundo. Ela tinha tudo que seus cidadãos precisavam: um mercado, uma escola, uma biblioteca, uma igreja e um hospital. A vida era boa na aldeia, mas ela seguia seu ritmo próprio. E a maioria das pessoas que moravam ali eram felizes. Vez por outra, entretanto, alguma pessoa jovem olhava em direção às montanhas, com curiosidade sobre o que poderia haver além delas.

Ninguém na aldeia fazia ou dizia algo que pudesse desencorajar qualquer jovem a deixar a aldeia. Afinal, muitos deles sentiram os mesmos anseios quando eram jovens. E a maioria dos que tinham ido para o mundo lá de fora, além das montanhas, retornaram para a aldeia.

Nenhum jovem jamais foi desencorajado a sair, ou encorajado a ficar, mas sim para seguir o que realmente estava em seu coração. Se um jovem estivesse prestes a sair, havia uma condição, um ritual que ele, ou ela, tinha que honrar.

Existia um caminho que subia a partir de um dos limites da aldeia para o topo da montanha mais alta. Ele era constituído por uma série de degraus e, no final, havia uma estrada pavimentada que levava a um ponto de ônibus, e a partir dali um ônibus fazia a viagem para o mundo lá de fora. Para deixar a aldeia, o jovem tinha que subir aqueles degraus até a estrada pavimentada.

A maioria dos jovens que queriam deixar a aldeia pensavam duas vezes, porque tinham ouvido histórias de que os degraus eram muito difíceis de subir, e que alguns de seus predecessores não tinham conseguido chegar ao topo. Entretanto, a curiosidade sobre o mundo que ficava além das montanhas era uma motivação poderosa, e alguns jovens escolhiam subir os degraus.

Na manhã em que o jovem devia partir, sua família o conduzia pela rua principal da aldeia, ladeada por amigos e parentes que lhe ofereciam uma calorosa festa de despedida. Em seguida, a família levava seu jovem para o início do caminho que conduzia para fora da aldeia, e lá se despediam.

"Quando chegar ao topo da montanha", era dito ao jovem, "você encontrará um presente lhe aguardando."

Desta maneira, o jovem começava sua viagem para o mundo lá de fora, subindo. A escada tinha aproximadamente um quilômetro e meio de comprimento, era feita de pranchas de madeira e protegida dos dois lados por uma cerca de madeira resistente, para que quem estivesse subindo não se desviasse do caminho.

No início, a subida era fácil porque o caminho era espaçoso, mas, gradualmente, ia ficando cada vez mais estreito, e os degraus também eram acrescidos de aproximadamente um centímetro de cada vez. Na metade do caminho havia um banco, um lugar para descansar. Ali, quem estava subindo parava, mas somente por um momento, até que seu coração deixasse de bater tão forte. Talvez ele se surpreendesse ao notar que estava um pouco ofegante.

Em um ponto mais alto da montanha, parava mais uma vez. Seu coração estava definitivamente acelerado e ele estava mais ofegante. Naquele momento ele percebia que o caminho estava muito mais estreito e os degraus muito mais altos. E tinha esperanças de que o presente que o aguardava no topo valesse o esforço da subida.

O restante do caminho era ainda mais difícil. O jovem era obrigado a parar muitas vezes para descansar. Não só o caminho se tornava muito estreito, mas os degraus agora, além de mais altos, também estavam muito estreitos. Ele tinha que se agarrar ao corrimão em cada um dos lados para não escorregar. Mas, quando conseguia terminar a subida, seu coração estava pulsando como um tambor, suas pernas tremiam devido ao esforço e seus pulmões queimavam. Ele tinha conseguido alcançar o último nível e o portão para o mundo lá de fora. A estrada pavimentada estava somente a alguns metros de distância.

Procurava o presente e não via nada, somente um outro banco de madeira. Ali, sentava-se e descansava. Seus pais lhe haviam dito que haveria um presen-

te, mas não via nada, nenhum objeto que pudesse se parecer com uma surpresa. Finalmente, o ônibus que o levaria para o mundo além das montanhas chegava, e ele embarcava com um último olhar rápido.

Então, ele o via.

Entalhadas no arco sobre o portão havia as seguintes palavras: A FORÇA É FILHA DO ESFORÇO E DA DOR.

"E as pessoas que não saíam da aldeia e não iam para o mundo lá de fora?", perguntou Jeremy. "Não lhes era negada a experiência de aprender o que aquele jovem aprendeu?"

"Talvez", respondeu Velho Falcão. "Ou então eles aprendiam a mesma lição simplesmente vivendo. A subida daqueles degraus é a própria vida."

"A força pode vir a partir do enfrentamento das tempestades da vida, a partir do conhecimento da perda, do sentimento de tristeza e de desgosto, da queda nas profundezas do pesar ..."

"As tempestades vêm", disse Velho Falcão, "são uma realidade da vida, quando se vive aqui nestas pradarias. Algumas vezes elas nos surpreendem. Outras vezes, conseguimos ver sua formação, e tudo que podemos fazer é esperar pelo que virá, porque conhecemos as tempestades. Então, elas chegam e sentimos sua força e sua ferocidade, e sobrevivemos a elas da melhor maneira possível."

"A vida também é assim. Coisas difíceis, ruins e extremamente feias podem acontecer a nós – doenças, acidentes, pobreza, solidão, traições, perda de moradia, pesadelos que se repetem, a morte de um pai ou de uma mãe, de um filho, um amigo, ou de um cônjuge. E, se isso não bastasse, doenças atacam nosso corpo, nosso coração, nossa mente e nosso espírito. Em seguida, a velhice leva nossos cabelos e nossa dignidade."

"Sua avó é um exemplo de alguém que conheceu muitas tempestades na vida", o velho homem lembrou a Jeremy.

"Você está falando da Vovó Eunice?"

"Sim. Ela perdeu primeiro seu marido quando ainda era jovem. Casou-se novamente, e o primeiro filho que ela teve com o segundo marido afogou-se no rio. Em seguida, seu filho de seu primeiro casamento morreu no estrangeiro durante a guerra, em 1967. E, agora, seu segundo marido não consegue se livrar do álcool. Entretanto, qual é a primeira coisa que você nota quando a vê?"

"Ela sorri", Jeremy respondeu sem hesitar.

"Não creio que haja alguém por aqui que seja mais forte emocional e espiritualmente do que sua avó Eunice."

"O fato de ter enfrentado aquelas tempestades, aqueles momentos incrivelmente sofridos, significa que ela aceitou a realidade da vida. Porque o fato de negar que coisas ruins possam acontecer nunca impede que elas aconteçam."

"A vida foi feita para ser vivida, não evitada."

"Infelizmente, como Vovó Eunice pode lhe dizer, ninguém nunca nos dá um manual que nos diz sobre como a vida é de fato e como vivê-la.

Não há cem lições fáceis, nem mesmo dez. Mas o fato de enfrentar cada dia, com o seu conjunto de experiências e circunstâncias, é um combustível para a alma e uma energia para o espírito, porque cada dia acrescenta algo àquilo e a quem você é."

"Você se levanta cada manhã com a oportunidade de crescer, de acrescentar profundidade a seu caráter, de aumentar seu conhecimento. Cada experiência, não importa o quanto ela possa parecer sem sentido, é um presente. Assim como também o é cada pessoa que cruza o seu caminho, quer seja ela amiga ou inimiga; porque as situações e as pessoas difíceis nos ensinam a paciência e a tolerância."

"As experiências positivas também fazem parte da realidade da vida. Não quer dizer que duas ou três experiências positivas valham por um determinado número de experiências ruins, ou qualquer coisa nesse sentido. Mas podemos aprender que o bem é a reafirmação do bem, e o mal também pode ser bom, apesar de não parecer dessa maneira no momento em que acontece. Podemos aprender que o axioma *o que não te matar pode tornar-te mais forte* definitivamente tem algo de verdade."

"Mas a palavra mais importante é *pode*. Tudo aquilo que não te matar *pode* tornar-te mais forte."

"Se você irá ou não ficar mais forte, mais bem informado, ou mais sábio a partir de algo que não o tenha matado, não é algo dado. Você precisa fazer com que funcione. É preciso que seja uma experiência 'que tempere', que dê consistência. Você sabe o que isso significa?"

Jeremy aquiesceu com a cabeça. "O ato de temperar é o processo que ocorre quando o ferro quente e vermelho é mergulhado em água fria. A imersão fortalece o ferro."

"Exatamente", disse Velho Falcão. "Algumas vezes nos encontramos, repentinamente, imersos em uma crise, ou em um acontecimento que, se soubermos fazer uso dele, pode nos tornar mais fortes. Mas esse processo de obtenção de têmpera significa que é necessário lidar com a dura realidade da decepção, da tristeza e do pesar. Uma parte desse processo consiste em não negar esses sentimentos. Ninguém escolhe a decepção, a tristeza, ou o pesar, mas também não se deve negar a si mesmo a necessidade de se experimentar o conjunto completo das emoções humanas. Quando nosso espírito nos diz que está na hora de chorar, devemos chorar. Faz parte do ritual, por assim dizer, de colocar a tristeza em perspectiva e adquirir controle sobre a situação."

"Bem", disse Jeremy sereno, "acho que até o pesar pode nos ensinar algo."

"Sim, o pesar tem um propósito. O fato de se consternar não significa que você seja fraco. É o primeiro passo em direção à recuperação do equilíbrio e da força. Consternar-se faz parte do processo para se obter a têmpera."

Velho Falcão fez uma breve pausa. "Quantas vezes você já participou da cerimônia de Renascimento, que as outras pessoas chamam de tenda do vapor[5]?", ele perguntou.

Jeremy deu de ombros. "Ah, não sei, talvez umas duzentas vezes. Por quê?"

"Como você sabe, o nosso povo acredita que a cerimônia purga nossos problemas e dissabores. Nós rezamos para que isso aconteça quando estamos dentro da tenda vedada, durante a cerimônia. Quando a água é jogada sobre as pedras quentes e nos faz transpirar em profusão, esta é a parte física e uma representação simbólica da cerimônia. A transpiração é uma purgação, uma limpeza. O fato

5. Trata-se da tenda onde é derramada água fria sobre pedras quentes para criar um banho de vapor usado em rituais de purificação pelos índios americanos (N.T.).

de se consternar é como aquela cerimônia. Ajuda a purgar a sensação de perda e de raiva."

"O enfrentamento das tempestades da vida começa com o conhecimento de que elas virão. Esperamos e rezamos para que haja poucas que nos atormentem, mas precisamos presumir que elas venham. E quando vierem, precisamos enfrentá-las – antes de tudo – com o que temos de melhor, ou seja, com o quê e quem somos."

"Você precisa permanecer firme na tempestade. Precisa enfrentar o vento, e o frio, e a escuridão..."

"Eu já vi como vários animais se comportam durante uma tempestade", disse Velho Falcão. "O bisão permanece de pé, encarando corajosamente as rajadas cortantes de vento, quer seja uma tormenta com chuvas ou uma nevasca. Os cavalos encontram um matagal, ou algum tipo de anteparo contra o vento, e permanecem de pé com a cauda no vento. Alguns pássaros colocam sua cabeça embaixo da asa, e afofam suas penas. Outros, como o galo silvestre, encontram um abrigo no capim ou em um matagal baixo. Mas todos encontram uma maneira de aguentar o vento e o frio."

"A maneira como enfrentamos uma tempestade é importante, mas também o é o fato de simplesmente tentarmos aguentá-la."

"Nos velhos tempos, nosso povo tinha uma maneira especial de selecionar seus líderes. Eles preferiam homens experientes. Não era incomum que abordassem um homem e lhe pedissem que fosse o líder. Atualmente, elegemos pessoas que prometem que irão fazer algo. Aqueles que prometem mais, muitas vezes, são os que na realidade não fizeram muito. Eu prefiro os tempos de outrora. Naqueles tempos você sabia o que era provável que um homem fizesse a partir do que ele já havia realizado, ou pelo que já havia passado."

Um homem desse tipo era chamado De Pé por Si Mesmo por seus amigos e parentes. De Pé por Si Mesmo mereceu esse nome. Ele era um guerreiro leal, um dos primeiros a atacar e um dos últimos a se afastar do inimigo. Era firme e confiável e nunca ousava dizer a ninguém o que fazer, ele simplesmente fazia o que acreditava ser correto. Isso foi logo depois que os cavalos vieram a nós[6]*, e antes que houvesse forasteiros em demasia.*

De Pé por Si Mesmo tinha uma ótima família. Ele e sua esposa tinham um filho e uma filha, e ele era o tipo de homem que tinha loucura por seus filhos. Em um dia de verão, sua filha foi atacada por um urso. Seus ferimentos eram graves e até mesmo o experiente curandeiro da aldeia não conseguiu salvá-la.

De Pé por Si Mesmo e sua mulher sofreram profundamente; entretanto, a despeito de suas demonstrações de pesar, a esposa de De Pé por Si Mesmo não

---

6. Trata-se do primeiro contato dos nativos com os cavalos, entre 1680 e 1700 (N.T.).

conseguia se consolar. Depois que a menina foi enterrada, De Pé por Si Mesmo e sua família deram tudo o que possuíam como uma demonstração de luto – uma tradição que ainda é um costume em nosso povo. Dessa maneira, a família se empobreceu, mas em breve o povo lhes deu o que precisavam, inclusive uma nova cabana. Ambos, De Pé por Si Mesmo e sua esposa, trabalharam arduamente para repor o que tinham distribuído e para se preparar para a cerimônia de libertação do espírito, que deveria acontecer um ano após a morte da menina. E foi isso mesmo que fizeram. Prepararam um banquete e convidaram toda a aldeia.

Mas, infelizmente, a tragédia não havia terminado para De Pé por Si Mesmo. A morte de sua filha tinha sido demais para sua esposa que, um dia, tirou a própria vida. De Pé por Si Mesmo e seu filho ficaram arrasados. Mais uma vez, eles se empobreceram ao distribuírem tudo que possuíam, inclusive todos os seus cavalos. Então De Pé por Si Mesmo pegou o seu filho e deixou a aldeia. Por um ano eles viveram sós. Durante esse tempo, De Pé por Si Mesmo e seu filho caçaram e conseguiram alguns cavalos. Quando o aniversário da morte de sua mulher chegou, De Pé por Si Mesmo retornou à aldeia e preparou um banquete. Mais uma vez, distribuiu tudo que possuía, dessa vez para honrar a sua mulher.

Enquanto ele estava fora, um antigo líder, há muito tempo respeitado e reverenciado, tinha se afas-

tado de seu posto. Mas, antes de abandonar o cargo, ele recomendou ao povo que procurasse De Pé por Si Mesmo e lhe pedisse que fosse seu cacique. E o povo assim o fez. O velho homem aconselhou-os dizendo que qualquer um que tivesse conseguido enfrentar a adversidade, como De Pé por Si Mesmo fez, teria sido fortalecido por ela. "A força que vem da adversidade não se enfraquece diante da adversidade", disse o velho homem.

E foi assim que De Pé por Si Mesmo se tornou o cacique de sua aldeia. Não devido à valentia que demonstrou no campo de batalha, ou devido a vitórias e êxitos em sua vida, mas por causa da maneira como enfrentou as dificuldades que a vida havia lançado em seu caminho.

"Aposto que De Pé por Si Mesmo provavelmente foi um bom líder", pressupôs Jeremy.

"Sim, ele foi, porque a adversidade tem muito a nos ensinar", disse Velho Falcão. "Mas, para que possamos aprender, não podemos lhe dar as costas. Enfrentar o vento, o frio e a escuridão trazidos pelas tempestades da vida nunca é fácil, mas é necessário."

"Quando a tempestade soprar com intensidade, você precisa permanecer firme, porque ela não está tentando derrubá-lo, mas, na realidade, está tentando ensiná-lo a ser forte."

O jovem permaneceu sentado imóvel, contemplando o horizonte. Velho Falcão já havia visto aquele olhar distante muitas vezes, estampado no semblante das pessoas que estão buscando a paz e tentado se libertar da confusão e da dor. Seu neto estava olhando fixamente para um lugar que não se encontrava nem além do horizonte, nem abaixo dele. Ele estava contemplando internamente um período amorfo de sua própria vida.

Velho Falcão pigarreou. "Sei que você consegue entender o que vovó Eunice sentiu quando perdeu seu marido e seus filhos", disse ele. "Sei que você entende a dor de De Pé por Si Mesmo. De certa maneira, a vida derrubou-o; apesar de não ser de propósito, provavelmente é assim que você se sente. Sua avó e eu nos sentimos da mesma maneira quando perdemos nosso filho mais velho."

Após um momento, Jeremy se arrastou de volta para o presente. "Como assim?", disse ele. "Eu não sabia que você e a vovó tinham perdido um filho."

"Sim", disse Velho Falcão com tristeza, "o irmão mais velho de sua mãe e seu tio. Ele nasceu na primavera e morreu no inverno, quando veio a gripe espanhola. Aquela doença partiu muitos corações naquela ocasião. Entre eles, o coração de sua avó e o meu. A vida nos derrubou. Naquela época, era a pior coisa que poderia ter acontecido. Sua avó se culpava por não ter sido uma mãe boa o suficiente. Mas a realidade é que a gripe espanhola atingiu os mais fracos, ou seja, os muito velhos e os muito jovens. Então, nós nos unimos e atravessamos aquele período ruim. A vida nos derrubou, mas fomos capazes de nos reerguer. Quando conseguimos, percebemos que o nascimento daquele menininho nos ensinou o que a união entre um homem e uma mulher pode aguentar. Sua morte nos ensinou que podemos ser fortes."

"Se é verdade que a força é filha do esforço e da dor, então a maioria de nós terá a oportunidade de aprender a ser forte. Agora é a sua oportunidade, meu neto. O esforço é ficar de pé durante a tempestade. A dor vem quando aguentamos o pior que a tempestade pode lançar sobre nós. Mas, em seguida, vem também a força."

"As tempestades não duram para sempre; no entanto, parece-nos exatamente o oposto quando o vento e o frio nos golpeiam implacáveis. E, de fato, parece que a tempestade quer unicamente nos derrubar."

"Podemos sucumbir à tempestade permanecendo caídos, ou podemos nos levantar mais uma vez e enfrentá-la, sabendo que ela irá passar."

"Erguer-se para enfrentar a tempestade mais uma vez pode parecer tolice, talvez até autodestrutividade. Mas gosto de pensar que em algum canto de nosso espírito há uma centelha de desafio. Pode ser essa a maneira como as tempestades nos ensinam a ser fortes, despertando essa centelha de desafio."

"O fato de enfrentarmos a tempestade, por mais que ela nos derrube, deve nos ensinar que não precisamos ser tão poderosos quanto a tempestade para desafiá-la. Só precisamos ser fortes o suficiente para ficarmos de pé. Quer estejamos de pé tremendo de medo, ou agitando o punho com raiva e vigor em sinal de ameaça, desde que permaneçamos de pé, somos fortes o suficiente."

Capítulo 4

"Quando nosso filho mais velho morreu", Velho Falcão lembrou-se, "houve muitos outros que sofreram o mesmo tipo de perda. A gripe espanhola veio através das planícies do norte como um fogo da pradaria. Ela atingiu a todos – nosso povo e os brancos também. Mas todos nós nos ajudamos mutuamente. Enterramos os nossos mortos e choramos juntos. Sua avó e eu éramos jovens, mas, de algum modo, tínhamos o bom senso de ouvir o que diziam nossos pais e avós. Eles nos disseram para viver cada dia e não nos preocuparmos com o amanhã: o ontem não pode ser mudado."

"Dessa maneira, nós procurávamos viver um dia por vez, e cada dia era um passo em direção ao momento em que conseguiríamos pensar em nosso filho sem chorar. Sempre sentiremos tristeza, mas estamos mais fortes em relação a isso."

"Ser forte significa dar mais um passo em direção ao topo da montanha, por mais exausto que você possa estar."

Jeremy se voltou ao ouvir passos suaves e viu Vovó Falcão se aproximar com um bule de café recém coado. Ela encheu uma xícara para cada um e se juntou a eles sob o choupo.

"Eu tenho uma história", disse a velha mulher. Seu cabelo era branco como a neve e sua face era um mapa de estradas da vida. O brilho em seus olhos sempre fez com que Jeremy se sentisse importante.

"Como já lhe disse muitas e muitas vezes", começou Vovó Falcão, "seu avô é dez anos mais velho que eu. Mas o que você não sabe é que nosso casamento foi arranjado."

Jeremy ficou surpreso com a novidade, e intrigado com o sorriso enigmático de sua avó.

"Ah, sim", ela continuou. "Minha mãe falou com a mãe dele, e chegaram a um acordo. Eu já tinha visto seu avô nas redondezas, é claro, mas nunca tinha conversado com ele. Na realidade, a razão para o acordo era simples. Quando eu nasci, minha mãe já tinha mais de quarenta anos. Meu pai havia morrido em um acidente. Minha mãe tinha receio de que, se acontecesse algo com ela, eu ficasse sozinha no mundo."

"Minha mãe conhecia seu avô desde quando ele era jovem. Ele havia perdido o pai também, quando ainda era um menino. Sua mãe se casou novamente, mas seu segundo pai morreu após alguns anos. Mais tarde, ela ficou cega, e seu avô cuidava dela. Minha mãe viu como ele era gentil, e também o quanto era forte. Essas foram as razões que a levaram a falar com a mãe dele."

"Mas aqui vai uma história."

Há muito tempo, uma jovem de nosso povo tinha três pretendentes muito persistentes e não conseguia decidir qual deles escolher. Então, seu pai arquitetou um plano para testar os jovens, para determinar qual deles seria merecedor de sua filha.

Próximo à aldeia havia uma montanha muito alta, com uma encosta muito, muito longa, que levava ao seu topo. Seu pai pediu que cada um dos jovens pretendentes subisse correndo até o topo da montanha e descesse novamente por sete vezes. Mas tinham que fazê-lo em uma noite fria e chuvosa. Contudo, não se tratava de uma corrida.

No topo da montanha havia três velhos sentados. Cada um deles deveria contar quantas vezes cada um dos jovens tinha conseguido chegar ao topo da montanha.

Portanto, um dia, depois que a chuva já tinha começado há algum tempo e a longa encosta estava bastante traiçoeira, eles começaram. Obviamente, não era fácil correr no barro, mas os jovens tentaram. Durante a terceira subida até o topo da montanha, todos estavam cobertos de barro de tanto cair, e encharcados até os ossos. Na quinta vez que subiram, estavam todos engatinhando, com as mãos e os joelhos no chão durante a maior parte do caminho. Por volta da sexta ou sétima subida, eles estavam sendo movidos unicamente pela força de vontade.

Todos subiram e desceram sete vezes, e parecia que a questão sobre quem merecia se casar com a jovem ainda não estava resolvida. Os jovens caíram por terra, acreditando ter feito tudo que o pai da jovem tinha pedido que fizessem. Mas ainda havia mais um pedido:

"Subam a encosta mais uma vez", ele os instruiu.

Diante disso, dois dos jovens ficaram muito bravos. "Eu não consigo subir novamente", um deles protestou. "Estou exausto demais", o segundo concordou. Nenhum dos dois podia dar sequer mais um passo para subir a montanha. O terceiro jovem não estava menos exausto, mas permaneceu apesar de tudo. E com toda a força que conseguiu reunir, deu mais um passo, e caiu com o rosto por terra.

As pessoas que haviam se reunido para assistir à competição ajudaram os jovens exaustos a voltar para suas cabanas. Na manhã seguinte, todos se levantaram pensando que tinham falhado. No período da tarde, o pai da menina mandou uma mensagem para a cabana do terceiro jovem.

O pai escolheu o terceiro jovem, porque ele encontrou a força de espírito para tentar, apesar de que tudo que conseguiu fazer foi cair de cara no chão. Ele sabia que o jovem que havia tentado mais uma vez, apesar de estar fisicamente extenuado, teria a força necessária para ser um bom marido e provedor para sua filha.

"Minha mãe me contou essa história quando lhe perguntei por que ela tinha escolhido seu avô para mim", explicou a avó. "E nunca me lastimei por ter um casamento arranjado. Porque, você vê, quanto mais caminhamos nesta viagem, que é a nossa vida, mais aprendemos que há diferentes maneiras de ser forte. Podemos ser fortes no corpo, na mente e no espírito."

"Nos dias de nossa juventude, entretanto, colocamos nossa fé na carne, no sangue e nos ossos.

Pensamos que ser forte é ir mais rápido, mais longe e mais alto. Resolvemos um problema ao superá-lo, ou esgotá-lo. Mas chega uma hora quando não podemos mais fazer isso."

"Um dia, finalmente, acabamos aprendendo, para nosso desalento, que não podemos ir tão rápido, ou tão longe, ou tão alto. Desse modo, aprendemos o valor de nos voltarmos para nosso intelecto, nossa habilidade de raciocinar. Combatemos um problema somente depois de ter estudado suas várias partes. Se, por um lado, a carne, o sangue e os ossos não podem sustentar a força indefinidamente, descobrimos que o conhecimento pode. A sua força pode crescer cada vez mais, indefinidamente, se necessário for."

"Com uma bagagem de conhecimento, começamos a buscar a sabedoria e, conforme nos é revelado, cada vez com mais clareza, percebemos que atingimos nossa força máxima. Assim como o conhecimento, a sabedoria cresce."

"Se o conhecimento é a força da mente, a sabedoria é a força da alma."

Ao dizer isso, Vovó Falcão se foi, com seus sapatos levantando tufos de poeira na grama.

Velho Falcão sorriu e confessou que "nunca tinha ouvido essa história dos três jovens pretendentes". "Mas sua avó é sempre cheia de surpresas. Ela tem razão: a força muda conforme vamos percorrendo nossa viagem. Mas há mais uma coisa."

"Seja lá quais forem as nossas forças em um determinado momento dessa viagem, ou nossas fraquezas, elas não são preventivas. Os desafios serão lançados em nosso caminho."

"Quaisquer que sejam os desafios, seja lá quais forem os obstáculos, precisamos manter nosso olhar fixo, voltado para o topo da montanha. Você pode perguntar: por que o topo da montanha?"

"Porque a vida, dizemos a nós mesmos, nos dá várias colinas e montanhas para subir. Talvez uma parte de nossa mente e de nosso espírito saiba que subir é um desafio maior que descer. Portanto, pressentimos que o objetivo, ou a resposta, espera-nos em um local alto. Para alcançar esse local precisaremos nos erguer, em geral, a um nível de esforço nunca antes alcançado. Mas a recompensa é maior para quem avança em direção ao alto, porque muito pouca força, ou nenhuma, é necessária para descer."

"Vô", perguntou o jovem, "você já desistiu de algo?"

"Sim, já; e cheguei próximo de fazê-lo muitas vezes."

Jeremy ficou surpreso. Ele não conseguia se lembrar de uma única situação em que seu avô tivesse desistido de algo. "Honestamente, vô, eu não consigo me lembrar de nenhuma ocasião em que você tivesse desistido de algo. Mas se você o fez, por que foi?"

"Cansaço", respondeu o velho homem, de maneira franca. "O fato de desistirmos porque estamos cansados, esgotados ou exaustos nos dá a impressão de que estamos fazendo algo correto. O cansaço sussurra para nós dizendo-nos, pedindo-nos que paremos, que admitamos a derrota, que simplesmente desistamos."

"Assim como em muitos lugares ao longo de nossa viagem, chegamos a momentos de escolha, semelhantes ao que você se encontra agora. Precisamos nos lembrar de que as escolhas que fizemos nos trouxeram até aqui. Precisamos ainda nos lembrar de que o fato de admitir a derrota, de parar, ou de desistir, é uma escolha e não algo obrigatório, independentemente do quanto seja sedutora a voz do cansaço."

"Sempre será melhor dar mais um passo, por menor, ou mais lento, ou mais doloroso que seja, mesmo pensando que tudo que temos é esse último passo. Disso dependemos nós mesmos e nossa viagem. Depois de avançar, decidimos o que fazer deste momento em diante."

"A vontade, aquela força, aquela energia que nos fez engatinhar e, depois, ficar de pé e, em seguida, darmos os primeiros passos vacilantes em nossa viagem, é a mesma que nos mantém durante todo o caminho."

"É aquela mesma vontade, aquela mesma força, aquela mesma energia, aquela parte obstinada de nosso ser que nos possibilita dar mais um passo."

"Significa permitir que as lágrimas rolem através do pesar..."

"Creio que uma das maiores forças de nosso povo", disse Velho Falcão, "é nossa capacidade de rir. Algumas vezes, esta é a única maneira de enfrentar algo que é especialmente difícil. Ao rirmos, de alguma maneira, nós diminuímos a dificuldade e, então, podemos lidar com ela mais facilmente. Rir eleva nosso espírito, e consternar-se o limpa. E nada dá tanta voz ao pesar como chorar, em especial da maneira como as mulheres o fazem."

"Minha mãe contou-me sobre duas irmãs que viviam juntas, depois que ambas ficaram viúvas. Elas envelheceram juntas e, então, uma delas caiu doente. A irmã mais jovem velou ao pé de sua cama até que a morte veio. Em seguida, ela chorou. Das profundezas de sua alma, ela se consternou, e seus lamentos preencheram o quarto. Aqueles que estavam presentes acabaram chorando com ela."

"Então, depois de algum tempo, o choro cessou. Várias pessoas no quarto abraçaram a mulher que se consternava, enxugando suas lágrimas, enquanto ela enxugava as deles."

"Há uma outra coisa que minha mãe contou sobre essas irmãs, que ficou comigo. Elas riam muito. Portanto, creio que a irmã mais nova não tinha medo de chorar porque também não tinha medo de rir. Uma coisa engraçada é que você pode rir tanto que as lágrimas vêm para os seus olhos. Creio que o riso e o choro tenham alguma relação entre si, e ambos devem ter um lugar em nossa vida. Ninguém gosta de chorar, devo dizer, ninguém quer ter uma razão para chorar. Mas não devemos ter medo de chorar. Por outro lado, acho que devemos encontrar razões para rir."

"Seu tio ouviu uma história há pouco tempo, sobre um grupo de homens que eram bons amigos. Todos gostavam muito de pregar peças entre si, mas também gostavam muito uns dos outros."

Um dia, os amigos decidiram criar um "fundo de sobrevivência", conforme eles o chamaram. Todo ano, cada um deles colocava determinada quantia em um recipiente. A intenção era que aquele que sobrevivesse a todos os outros tivesse dinheiro para gastar como quisesse. E assim foi. Ano após ano, cada homem fazia a sua contribuição, e com o passar dos anos, conforme foram envelhecendo, de vez em quando um deles morria. No final só sobraram dois deles, e ficavam brincando um com outro sobre como gastariam o dinheiro.

"O que você faria se fosse o último?", um deles perguntou ao outro.

O outro pensou por um momento e falou: "Direi a você mais tarde".

Aconteceu que ele morreu antes de ter dito ao amigo o que faria com o dinheiro.

Houve um funeral extravagante com um caixão marchetado em ouro e um banquete suntuoso para todos que vieram. Por uma questão de respeito, o único sobrevivente esperou alguns dias antes de ir ao banco receber seu prêmio. Não conseguia decidir se faria uma viagem para uma terra exótica ou se compraria um barco de pesca. Ao final das contas, ele não faria nenhuma das duas coisas. Não havia nenhum dinheiro no cofre do banco, somente uma mensagem do homem que tinha acabado de morrer.

A mensagem dizia: "Pensei a respeito, e quero o melhor funeral que o dinheiro possa comprar."

Jeremy deu uma risadinha marota sem querer. "Mas vô", disse ele, "não é errado rir da morte?"

"Por quê?", retrucou Velho Falcão. "A morte ri de nós; por que não poderíamos fazer o mesmo?"

"Lembro-me de uma história de um chefe tribal que você me contou uma vez", disse Jeremy. "Pareceu-me que ele levava a morte bastante a sério."

"Bem, deixe-me ver se consigo me lembrar da história e, depois, veremos se ele o fazia ou não. Esta história vem do povo celta, creio eu. Ela é assim."

Há muito tempo, em uma terra do outro lado do oceano, um chefe guerreiro caminhava devagar no campo de batalha. Apesar de ele e seus homens terem conseguido uma grande vitória, ele caminhava de um lado para o outro de maneira solene. Quando se aproximou do corpo de um de seus guerreiros abatidos, parou ali e limpou a terra e os escombros do rosto do homem – e então chorou.

Diante do corpo de outro de seus guerreiros, o chefe fez o mesmo, e também no próximo. Então, ele e os guerreiros restantes levaram para casa seus camaradas que haviam sido abatidos.

Conforme os anos se passaram, cada vez mais guerreiros seguiam esse chefe porque ele sempre fora um líder bom e corajoso. E também porque era um homem com boa capacidade de avaliação, suas perdas como um líder guerreiro nunca eram numerosas.

Jeremy refletiu sobre a história por um momento. "Bem", ele disse, "talvez ele não estivesse levando a morte tão a sério. Parece-me que era mais inclinado a honrar seus guerreiros do que a se consternar por eles."

"Acho que você tem razão", disse Velho Falcão. "Consternar-se e deixar rolarem as lágrimas é tudo, menos um reconhecimento da morte. É uma maneira de honrar a pessoa que foi para o mundo dos espíritos, e de ajudar aqueles de nós, que ainda estamos aqui, a continuar a viver."

"Significa continuar procurando a resposta, apesar da escuridão do desespero estar por toda parte à nossa volta."

"Há outras coisas além da morte que podem tirar nossa vontade de continuar", alertou o velho homem. "Como, por exemplo, o desespero. Nada pode nos enfraquecer mais do que a perda da esperança. O cansaço pode, e de fato ataca, nosso corpo e nossa mente. Mas o desespero tem a alma como mira."

"Entretanto, posso lhe assegurar: a pessoa que não se entrega ao desespero, não é detida pela derrota por muito tempo, nem sobrecarregada pela lembrança dela. Acho que esta é uma boa ocasião para lhe contar a história de dois jovens que foram procurar pedras, mas encontraram mais alguma coisa."

Dois jovens viajaram na direção do oeste a partir das pradarias e se embrenharam nas montanhas altas proibidas. Eles iam em uma expedição para encontrar e conseguir a pedra negra. Outros que realizaram essa expedição, quando jovens, disseram-lhes que não deveriam viajar de maneira nenhuma.

A pedra negra era bastante cobiçada por muitas nações, pois quando talhada em forma de facas, pontas de lanças, e de flechas, permanecia afiada por muito mais tempo do que os outros tipos de pedras. Mas era encontrada somente em uma encosta de uma cadeia de montanhas, ao norte de um lugar onde a própria terra borbulhava e fervia, e a água quente voava para o céu. Aquela encosta estava embrenhada em um território de uma nação desconhecida para o povo das pradarias. Nem todos os jovens que viajaram anteriormente em busca da pedra negra retornaram. Tratava-se de uma viagem muito perigosa.

"Há perigos muito maiores esperando por vocês do que os inimigos de duas ou de quatro pernas", um ancião os advertiu na véspera de sua partida.

Ao iniciarem sua viagem, os jovens, que eram irmãos, ficaram intrigados com as palavras do ancião.

Após um mês, chegaram às montanhas. O verão já tinha quase terminado quando encontraram a encosta da pedra negra. Eles eram muito hábeis em se esconder e haviam se movimentado como sombras através das pradarias e nas florestas das montanhas.

Cada um dos irmãos juntou uma sacola cheia de pedras negras. Em seguida, fizeram um acampamento escondido para descansar e se preparar para a viagem de volta para casa. Mas o problema que tinham despistado, de maneira tão hábil, em sua viagem para as montanhas, esperava por eles em no caminho de volta.

Inicialmente, veio como um urso gigante que apareceu, de repente, em uma das trilhas. A única atitude dos irmãos foi descer correndo a montanha. Conseguiram escapar, mas não antes do irmão mais jovem ter perdido sua sacola de pedras e suas armas. Mais tarde, veio uma violenta inundação repentina. Após vários dias de chuva terem forçado os irmãos a procurar um abrigo, um riacho estreito na montanha se transformou em uma torrente tempestuosa. Eles tiveram que subir em um pinheiro alto para escapar da inundação inesperada.

Quando finalmente saíram das montanhas, o verão já havia terminado e o outono viera rapidamente. No céu, os grandes gansos brancos e cinzas do norte estavam voando para o sul.

Um dia, enquanto estavam caçando, os irmãos foram avistados por guerreiros de uma nação adversária. Seu único recurso foi fugir do inimigo, que vinha em número muito maior. Após caminharem sem descanso durante dias, estavam exaustos e fracos de fome. O outono mandou ventos frios mais cedo do que de costume e as noites traziam um frio de congelar os ossos. Em algumas ocasiões, os irmãos tinham sorte de encontrar uma caverna ou uma tora oca para dormir durante a noite, mas a maior parte do tempo ficavam expostos às mais severas intempéries.

Entretanto, eles continuaram em frente e, depois de vários dias de corrida até que seus mocassins, de tão gastos, tivessem se transformado em farrapos, finalmente eles conseguiram despistar o inimigo.

No entanto, um dia à tarde, quando pararam para descansar, o irmão mais velho apontou de volta na direção do oeste. "Alguém está nos seguindo", disse ele.

Apesar do irmão mais novo olhar repetidas vezes e não enxergar nada, acreditou em seu irmão, que nunca havia mentido para ele.

"Precisamos fugir correndo", disse o irmão mais velho. "Veja! Lá! Ele está nos perseguindo!"

Por mais que tentasse, o irmão mais jovem não conseguia ver nada. Os dois retomaram seu caminho para casa, ansiosos pelo conforto de suas cabanas e pelo reencontro com seus familiares. Apesar de serem jovens fortes e robustos, os dias que passaram sem comida e sem descanso tinham causado danos à sua saúde. Eles não conseguiam correr longas distâncias sem precisar parar para descansar.

"Lá!", gritava o irmão mais velho. "Ele está se aproximando! Precisamos fugir antes que nos alcance!"

Apesar de nada ver, o irmão mais novo seguia, alarmado pelo medo que via estampado na face de seu parceiro. Ele nunca tinha visto seu irmão se entregar ao medo antes.

Apesar da mais completa exaustão, os irmãos tropeçavam e corriam até não aguentarem mais, finalmente sucumbindo durante a noite. O irmão mais velho se encolhia como uma bola atrás de uma árvore, e choramingava.

"Ele ainda está vindo! Ouça!"

Ele estava tão abalado pelo medo que pediu a seu irmão para não fazer uma fogueira, apesar de precisarem se aquecer.

"Ele vai nos ver!", disse com voz chorosa.

Todos os ruídos da escuridão faziam com que o irmão mais velho entrasse em mais uma convulsão de soluços e se escondesse. Ele agarrava pedras e galhos e jogava no inimigo que dizia estar se escondendo na escuridão.

A exaustão fez com que ambos caíssem no sono rapidamente, mas quando o sol se ergueu o irmão mais velho deu um grito.

"Veja! Ele cresceu; está maior!"

O irmão mais jovem teve que apelar para cada vestígio de força que ainda lhe pudesse restar para acompanhar o ritmo induzido pelo medo que seu irmão estabelecera. Finalmente, apesar do irmão mais velho cair por terra e não conseguir mais ficar em pé, este continuava engatinhando, choramingando de medo enquanto seguia adiante. Em pouco tempo suas mãos e seus pés estavam cortados e sangrando. Mas ele sempre olhava para trás e o terror contorcia seu semblante a cada vez.

No entanto, o irmão mais novo nada via.

Após dias de fuga aterrorizante, nem o medo poderia induzir o irmão mais velho a se mover. Seu corpo tremia enquanto permanecia caído como um amontoado caótico, olhando para cima para um inimigo abominável, que só ele podia ver. Seus dedos tremulantes apontavam, mesmo enquanto seus olhos reviravam, e ele desmaiava de exaustão.

"Ele vai nos matar!", avisava. "É um gigante!"

O irmão mais novo, que também estava prestes a desmaiar, esfregava os olhos e tentava ver o gigante do qual seu irmão falava.

"Lá!", gritava o mais velho, apontando para um local em especial.

Quando o irmão mais novo se virava, ele via uma figura sombria se aproximando. Mas não era um gigante, no entanto causava medo, ele podia pressentir. Estava a ponto de dar um passo para trás em retirada para fugir, mas, em vez disso, algo dentro dele fez com que cambaleasse para frente para encontrar a figura sombria. Algo que lhe dizia que a sombra poderia crescer e se transformar em um gigante.

"Não!", ele gritou. "Vá embora! Eu sei o que você é! Vá embora!" Enfiou seu braço na sacola, agarrou

pedra por pedra e jogou-as, em seguida, na figura sombria. Cada vez que jogava uma pedra a figura ficava menor. Devagar, o vulto foi se desfazendo até que não existisse mais. Mas o irmão mais jovem tinha jogado todas as pedras negras. Apesar de ter recuperado algumas poucas, ele sabia que o povo da aldeia ficaria decepcionado com eles por terem perdido a maioria delas.

Apoiado sobre suas pernas cansadas, o irmão mais novo tropeçava enquanto recolhia madeira para fazer uma fogueira. Somente com um grande esforço ele foi capaz de fazer com que suas mãos e seus dedos conseguissem construir um iniciador de fogo, e finalmente deu conta de assoprar o mais fino dos tições, criando pequenas chamas bruxuleantes.

Quando o fogo ardia de maneira estável, ele arrastou seu irmão para mais perto da fogueira e construiu uma proteção de madeira atrás dele para refletir o acolhimento do calor. Em seguida, também se entregou ao sono. Ele sabia o que é que os tinha perseguido, mas também sabia que isso não retornaria.

Quando o irmão mais novo acordou, o dia já tinha passado e já era noite. Somente brasas ardentes restavam da fogueira. Colocou mais madeira e fez com que o fogo reacendesse. Permaneceu vigilante a noite toda, mantendo o fogo aceso em um determinado limite, para que os dois ficassem aquecidos. Quan-

do o dia raiou, encontrou um riacho e bebeu água para saciar um pouco sua sede.

Felizmente, os irmãos estavam de volta em seu próprio território. Descansaram no acampamento por vários dias – o irmão mais velho dormia de maneira irregular. O irmão mais novo conseguiu capturar um coelho com uma armadilha e o assou. Essa pequena quantidade de comida conseguiu restaurar suas forças.

Certo dia, à tarde, o irmão mais velho acordou com um sobressalto, ficando de pé em um salto, com os olhos esbugalhados e cheios de medo.

"O gigante se foi", disse o irmão mais novo. "Ele foi embora. Eu fiz com que ele se fosse."

"Como é que você sabe?", perguntou o irmão mais velho, ainda com muito medo.

"O gigante veio porque nosso medo o criou", disse o irmão mais novo. "Nós o criamos."

"Mas o que você fez para que fosse embora?", perguntou o irmão mais velho.

"Joguei as pedras negras nele, cada vez desejando que fosse embora, e ele se foi. Pois bem, aqui tem carne para você comer. Vou caçar novamente e trazer mais. Vamos comer e ficaremos fortes novamente. E, então, terminaremos nossa viagem."

E foi assim que fizeram; chegaram em casa após quase dois meses. Depois de descansar durante vários dias, os dois irmãos foram até a cabana do ancião, contaram a ele sua história e apresentaram um punhado de pedras negras que tinham conseguido guardar. Estavam prontos para receber um castigo por terem falhado.

"A pedra negra é algo bom de se ter. Mas a verdadeira recompensa pela viagem não é uma sacola cheia de pedras", disse o ancião. "Porque o que vocês viram lá fora é algo que nos espreita em qualquer lugar ao longo de uma estrada difícil."

"Desespero", disse o irmão mais novo. "O que vimos foi o desespero. Mas como ele sabia onde nos encontrar?"

"Ele habita dentro de nós", respondeu o ancião. "Não em um local, mas em um momento, quando nossos espíritos estão enfraquecidos porque as circunstâncias parecem desesperadoras. Em seguida, ele aparece."

"Então, qual é a recompensa, se não são as pedras?", o irmão mais velho quis saber.

"O desespero pode habitar dentro de nós", disse o ancião, "mas aí também está a esperança, a maneira como vencê-lo. Vocês aprenderam que a esperança pode vencer o desespero. Essa é a verdadeira recompensa."

"Ser forte significa agarrar-se à esperança de que o coração baterá ainda mais uma vez, de que o sol nascerá ainda uma outra vez..."

"Todos nós vivemos momentos em nossa vida semelhantes aos que os irmãos enfrentaram", afirmou Velho Falcão. "Mas lembre-se: durante o silêncio após um batimento cardíaco, a vida se reabastece para o próximo batimento. Então, o momento para se ter esperança é quando o desespero nos agarra pela garganta. É aí que devemos nos reabastecer."

"Por que deveríamos fazer isso?", perguntou Jeremy.

"Porque a esperança é uma das centelhas através das quais a vida se mantém", respondeu Velho Falcão. "A capacidade de ter esperança é um dos maiores dons da vida. Quando temos esperança de que tudo dará certo, de que conseguiremos realizar aquilo que tomamos a iniciativa de fazer, é bastante provável que tenhamos a certeza de que vamos alcançar o resultado esperado. Na pior das hipóteses, aumentamos as chances a nosso favor."

"A esperança não está disponível com exclusividade para somente uma pessoa. Ela está a nosso dispor independentemente de qual seja a posição em que nos encontremos na vida. O escravo aspira pela liberdade e o homem rico pela felicidade. Mas, em geral, a esperança é a companheira dos oprimidos. Ela habita no coração e na mente daqueles que passaram por uma perda ou uma tragédia, ou de qualquer um cuja estrada pareça mais difícil do que a média. Ou seja, todos nós estivemos em um lugar ou em uma situação em que precisamos ter esperança de encontrar um abrigo para o frio, em que tentamos nos libertar da dor, ou livrar-nos de um fardo, ou ainda em que buscávamos mais uma oportunidade, uma outra chance de corrigir algo errado."

"Não há nenhuma garantia de que a esperança trará o resultado desejado. Nem todo escravo conseguirá a liberdade; nem todo homem rico alcançará a felicidade. Mas se conseguimos ter esperança, estamos fortalecendo o motivo de nossa dificuldade."

"O irmão mais velho, na história das pedras, estava pronto para se enrolar como uma bola e admitir a derrota. Mas o irmão mais novo encontrou a centelha. Cada um de nós é como aqueles irmãos. Uma parte de nós se entrega ao desespero, mas uma outra parte encontra a centelha."

"Agarre-se à esperança, meu neto, independentemente do que aconteça. Lembre-se de que sempre haverá um outro nascer do sol, e é muito provável que a esperança irá ajudá-lo a vê-lo."

"Cada passo, por mais difícil que seja, é um passo que nos aproxima um pouco mais do topo da montanha..."

Velho Falcão apontou para o topo de um pequeno morro isolado e íngreme que despontava do solo da pradaria. "Quantos passos você precisa dar para chegar até aquele morro?", perguntou ao seu neto.

O jovem tentou calcular a distância, e finalmente sacudiu a cabeça. "Não sei, vô, mil, talvez", disse ele.

"Talvez o mais importante não seja o número de passos", sugeriu o velho homem, "mas dar os passos. Por outro lado, o que é mais importante: o primeiro passo, que o coloca a caminho em direção àquela montanha, ou o último, quando você alcança o topo?"

"Bem", disse Jeremy, "você sempre disse que é importante terminar o que começamos. Então, isso tornaria o primeiro e o último passo igualmente importantes."

"Talvez", admitiu o velho homem, "mas me parece que a viagem seria mais do que o primeiro e o último passo, você não acha? E os passos no intervalo entre eles? E o 'próximo passo'?"

"O 'próximo passo'? O que você quer dizer com isso?", perguntou Jeremy.

"Vamos dizer, em termos hipotéticos, que você precisasse dar dez mil passos para alcançar o topo daquela montanha. No entanto, se você desse passadas maiores, seria necessário menos que isso. Se desse passos mais curtos, seriam necessários mais passos."

"Aonde você quer chegar, vô?"

"O que é mais importante: a distância de sua pernada – o quanto ela é comprida ou curta – ou o número de passos? Ou talvez mais importante ainda seja que você simplesmente dê os passos, um após o outro." O velho homem fez uma pausa e esperou que seu neto ponderasse por um momento.

"Acho que é mais importante continuar a dar um passo após o outro, independentemente deles serem compridos ou curtos", decidiu Jeremy.

"É exatamente assim que conseguimos chegar a qualquer lugar, quer se trate de uma viagem pela terra ou de um objetivo que queiramos alcançar", afirmou Velho Falcão. "É assim que a esperança funciona. Ela induz ao esforço, ela pode inclusive nos persuadir a nos esforçar. A esperança pode fazer com que tenhamos vontade suficiente para nos inclinar para frente e dar mais um passo."

"Esse passo a mais nos levará para além de onde estávamos, para algum lugar, para qualquer lugar, para frente, não importa que sejam milímetros ou a distância de um braço."

"Nem sempre é necessário superar um problema ou ultrapassar um obstáculo de uma só tacada. Uma série de pequenas vitórias, de pequenos passos, terão o mesmo efeito. Aliás, não precisamos chegar ao topo da montanha, rapidamente, com um único salto, ou com um número de passos previamente determinados. Tudo que precisamos fazer é alcançar o topo, de uma maneira ou de outra."

"A esperança é sempre um passo a mais, ou uma pedra a mais. Eu li uma história há alguns anos."

Havia uma aldeia, do outro lado do oceano, abrigada no sopé de algumas montanhas ao longo de um rio. O povo do vale prosperava em decorrência de uma sociedade com fazendeiros vizinhos. Eles cultivavam trigo em abundância, que era transformado em farinha no moinho da aldeia. A mó de pedra do moinho era acionada pelo rio, que fazia girar a roda, que por sua vez girava a pedra. E, em seguida, os aldeões e os fazendeiros vendiam a farinha para os mercadores do país todo.

Durante uma primavera, as chuvas caíram com mais frequência do que o normal, e os residentes da aldeia viram que o rio estava subindo paulatinamente. Se a chuva não parasse, o rio inundaria as plantações de trigo, e não haveria trigo para moer e vender.

O conselho da aldeia, os fazendeiros e todo o povo no vale observavam impotentes o rio subir cada vez mais, enquanto a chuva continuava. O salão de reuniões da aldeia estava cheio de pessoas que haviam se reunido para conversar sobre a inundação iminente. Todos os fazendeiros temiam por sua subsistência, e muitos dos residentes do vale tinham medo de perder suas casas se a chuva não parasse. Todos no salão de reuniões queriam respostas imediatas do conselho da aldeia.

Em meio às discussões animadas, uma mulher muito velha, com cabelos brancos como a neve, entrou e caminhou lentamente até a frente da sala. Apesar de estar vestida de maneira simples, tinha uma aparência muito impressionante, mas não foi isso que fez com que todos os olhares da sala se dirigissem a ela. Foi a grande pedra que ela carregava em seus braços.

Ninguém tinha visto a velha mulher antes, e todos se perguntavam por que ela estaria carregando uma pedra tão grande. Fez-se um silêncio absoluto. Quando falou, sua voz gentil preencheu todos os cantos da sala.

"Muitos vivem neste vale", começou ela. "Se cada pessoa caminhasse até os sopés das montanhas e trouxesse a maior pedra que fosse capaz de carregar, talvez conseguíssemos desviar a inundação. Reforcem com pedras as margens do rio em seu ponto mais baixo, para que fiquem o mais alto possível."

Após dizer isso, a velha mulher de cabelos brancos deixou o salão de reuniões, levou sua pedra e colocou-a ao longo da margem do rio. Em seguida, partiu para as terras altas.

Algumas das pessoas caçoaram da velha mulher. Outras, no entanto, viram lógica em suas palavras. Prontamente, as pessoas se dirigiram ao sopé da montanha para levar pedras até o rio. Velhos e jovens, fracos e fortes caminharam longas distâncias em filas compridas, muitos indo e vindo mais de uma vez para trazer pedras. Mas outros não tinham tanta certeza de que empilhar pedras fosse a resposta, portanto, foram para casa e empacotaram seus pertences, preparando-se para fugir antes que o rio subisse acima de suas margens. Quando o sol se pôs, muita gente estava deixando o vale. E aqueles que acataram o conselho da velha mulher continuaram a transportar as pedras, carregando-as nos braços, ou em carriolas e carroças. O ponto mais baixo ao longo do rio se tornou um dique feito com centenas e, depois, milhares de pedras.

A chuva continuou e o rio subiu lentamente, empurrando e forçando as pedras. Como a chuva começou a cair cada vez mais forte, algumas pessoas pararam de transportar as pedras e fugiram, assim como outras já haviam feito anteriormente. Entretanto, algumas poucas intrépidas trabalharam ainda com mais ardor para construir o dique, transportando o máximo de pedras que conseguiam. Apesar de seu esforço heroico, o dique ainda não tinha alcançado uma altura suficiente para segurar toda a água, entretanto ele serviu para conter a inundação de maneira adequada. Embora alguns campos tenham sido inundados e a água tenha chegado à beira da cidade, a maioria dos campos de trigo foram salvos, e também muitas casas. Pouco a pouco, a chuva parou e o rio não subiu mais.

O conselho da aldeia queria agradecer à velha mulher por sua orientação. Entretanto, curiosamente, os mensageiros que foram enviados às terras altas não conseguiram encontrá-la. Ela nunca mais foi vista.

Para comemorar o adiamento da inundação, as pessoas decidiram manter o dique feito de pedras como estava. Alguns queriam melhorá-lo e torná-lo mais forte. Eles diziam que ninguém sabia quando é que as chuvas poderiam encher o rio novamente. Mas para que não se esquecessem jamais de como se salvaram do desastre, construíram um monumento na praça da aldeia. Era uma estrutura simples, nada além de uma grande tora colocada em pé.

Em um dos lados da tora foi entalhada a face de uma mulher velha, e em cima da tora havia uma pedra do dique.

Jeremy aquiesceu com a cabeça. Ele também tinha lido a história. “Aquela pedra no topo da tora representa a esperança”, ele lembrou.

“É claro”, disse Velho Falcão. “Uma pedra não poderia ter impedido que o rio inundasse o vale. Mas muitas, muitas pedras, sim. Entretanto, tudo começou com uma única pedra.”

“A esperança funciona da mesma maneira. Uma pedra de cada vez, um passo de cada vez, independentemente do tamanho da pedra, ou do quanto seja difícil ou fácil dar o passo.”

“Mas nem todos na aldeia contribuíram e ajudaram. Muitos fugiram”, Jeremy lembrou a Velho Falcão. “Devemos presumir que eles não tinham nenhuma esperança de conseguir lutar contra a inundação?”

“Talvez”, respondeu o velho homem, “creio que haja um lugar entre a esperança e a falta de esperança. Podemos ir em qualquer uma das direções. Aqueles que fugiram, fizeram-no porque não viram nenhuma outra forma de se salvar. Aqueles que ficaram e construíram o dique, fizeram-no porque viram uma maneira de salvar tudo. Mas sempre haverá aqueles que sucumbirão ao desânimo, e aqueles que agem com esperança. Gosto de acreditar que na maior parte do tempo a esperança fará a diferença.”

"Manter a esperança viva a cada novo batimento cardíaco nos leva à luz do próximo nascer do sol e à promessa de um novo dia."

"Em geral mais cedo do que mais tarde", começou a dizer Velho Falcão, "todos nós aprenderemos que a vida não é fácil."

Jeremy concordou silenciosamente. Antes de seu pai morrer, houve outras batalhas. Ele ainda estava pagando o empréstimo da faculdade, e apesar de desejar se inscrever para a pós-graduação, não tinha segurançaa de que conseguiria pagar ainda mais dois anos de estudos. Uma escola do ensino fundamental no Alaska tinha lhe enviado um convite para ensinar lá e o salário era quase o dobro do que estava recebendo atualmente. Mas o custo de vida lá também era mais alto, e ele não tinha certeza de que gostaria de ficar tão longe de casa e de seus avós.

"Por outro lado", continuou o velho homem, "se não passarmos por nenhuma batalha em nossa viagem ou se não enfrentarmos quase nenhum, ou nenhum obstáculo, então, o que quer que tenhamos conseguido pode não parecer importante para nós, quer sejam riquezas, *status*, títulos, ou qualquer outra coisa. Se não tivermos conhecido batalhas, também não teremos aprendido o valor da esperança."

"Desde que o mundo começou, o sol tem nascido e se posto com regularidade, uma certeza com a qual podemos contar. Todavia, ninguém sobre a Terra sabe quantos outros dias ainda virão. Tudo que precisamos realmente saber, entretanto, é que cada dia pode ser uma nova oportunidade. O que fazemos com ele depende de cada um de nós."

"Entretanto, o tempo pode ser um fardo ou um dom, como seu primo aprendeu depois que voltou do estrangeiro."

"Ele tinha sobrevivido à violência ilimitada do combate e testemunhado a fealdade e inumanidade da guerra, e ele se perguntava – quase que a cada instante – por que estava vivo e alguns de seus companheiros de guerra tinham morrido. Ele não só carregava uma culpa enorme, mas também contestava a validade dos valores que tinha aprendido quando criança, em especial aqueles ligados à santidade da vida humana."

"Era bombardeado constantemente com lembranças desencadeadas por cheiros, sons e imagens da guerra. À noite, ficava aterrorizado com a ideia de dormir, devido aos sonhos vívidos do combate. O álcool se tornou um refúgio, porque amortecia a sua culpa e, algumas vezes, abrandava as arestas pontiagudas de suas lembranças e sonhos."

"Após meses de culpa, dor e desespero, chegou a pensar em colocar um fim à própria vida. Mas, no meio de uma noite, ele acordou de um torpor etílico no chão da casa de seus pais, sem ter qualquer indício de lembrança sobre como chegara lá. Sentada no chão, ao seu lado, estava sua mãe, a esposa de seu tio. Ela segurava um lenço umedecido e enxugava delicadamente o suor de sua face. O seu toque suave, finalmente, quebrou o muro de raiva e de negação que o jovem havia construído, e ele chorou. Entre lágrimas, confessou que não conseguia mais encarar as imagens que faziam parte das lembranças de seus colegas."

"Quando seu primo tinha chorado até que não houvesse mais lágrimas, sua mãe pegou seu rosto entre as mãos e falou:"

"'Não se afaste do rosto deles. Permita que eles venham à sua mente. Guarde-os em seu coração. Eles eram seus amigos, seus companheiros de guerra. Todos vocês compartilharam algo, quer isso fosse bom, ruim ou abominável. Não importa o quanto meu coração sofra por você, nunca poderei saber o que você testemunhou ou aguentou. Eles vêm até você porque talvez você seja a única conexão que ainda tenham nesse mundo. Diga-lhes o quanto está sendo difícil para você agora; eles entenderão. Depois, viva sua vida tanto por eles como também por você. Honre o presente que recebeu, um presente que eles pegariam sem pestanejar.'"

"'Não há nada que possa fazer para mudar o ontem, mas você pode tornar o amanhã mais fácil, se viver o hoje da melhor maneira possível. Quando surgir o sol, fique de pé, endireite os ombros e encare o que vier. Você não precisará fazê-lo sozinho. Seus amigos estarão com você a cada passo do caminho.'"

"Nos dias, semanas e meses que se seguiram àquela noite, seu primo se lembrou, com frequência, das palavras de sua mãe. E aceitou o conselho dela. A cada noite, parava de pensar no dia que passou quando se deitava para descansar, e não se preocupava com o que o próximo dia traria. O melhor que poderia fazer era ter esperança e rezar pedindo que a força viesse para vivê-lo bem."

"O caminho não era fácil, mas ele sabia onde estava indo. Então, uma noite, quando estava quase se deixando embalar pelo sono, percebeu que, pela primeira vez em anos, estava esperando com entusiasmo pelo próximo dia que viria. Depois daquele momento, olhava para cada dia como uma promessa de que haveria sempre possibilidades."

"As possibilidades, ele me disse um dia, eram as filhas da esperança. E seu primo também disse que sua mãe lhe ensinou a ter esperança. Ela lhe ensinou que cada novo dia valia a pena ser vivido."

"Penso que ela lhe ensinou mais uma outra coisa. Acho que ela lhe ensinou que manter a esperança viva é saber como *keep going*."

Capítulo 5

De repente, Jeremy percebeu que a maior parte da tarde já tinha se passado. O sol já estava distante na parte oeste do céu. No entanto, o tempo, pelo menos neste dia, não parecia ser muito importante. Uma grande parte dele desejava ardentemente que esse dia não terminasse mais, para que pudesse passar o resto de sua vida sob a sombra do velho choupo com seu avô.

Mas ao mesmo tempo em que desejava isso, sabia que, para além da sombra do choupo, sua viagem esperava por ele.

Pressentindo o estado de espírito de Jeremy, Velho Falcão se inclinou para frente e apertou os joelhos de seu neto.

"A vida está lá fora, esperando", disse ele de maneira gentil. "Eu o invejo porque você vai viver coisas que eu não poderei. O conhecimento que vai adquirir será maior que o meu."

"Eu não vejo como isso seria possível, vô", protestou o jovem.

"Ah, mas isso é possível, pela simples razão que todos nós ficamos em pé nos ombros daqueles que existiram antes de nós. Eu sei de coisas que meu pai e meu avô não sabiam, porque me deram uma base para começar minha caminhada. E o mundo mudou desde que eles caminharam sobre essa Terra. Isso não significa que eu seja mais sábio do que eles. O melhor que posso esperar é algum dia conseguir ser tão sábio quanto eles. Essa é a viagem que espero seguir."

"Meu pai foi um homem sábio?", Jeremy perguntou.

"Sim", Velho Falcão respondeu. "Seu pai foi sábio, e era forte física e mentalmente. Era um pensador profundo, e muito espiritual também. Seu pai foi muitas coisas para muita gente. Mas sempre vou me lembrar de sua teimosia."

"Sua teimosia? Por que isso, entre tantas outras coisas?"

"Por causa da promessa que ele fez à sua mãe, e que conseguiu manter."

Jeremy sentiu um nó na garganta. Sim, a promessa. Memórias recentes acometeram-no.

Dois meses antes da morte do Sr. Jeremy, Jeremy e sua mãe foram avisados de que ele poderia partir a qualquer momento. Foi uma conversa que aconteceu supostamente fora do alcance da audição do pai de Jeremy. Mas ele ouviu.

Em lugar de ficar desencorajado ou enfurecido diante das notícias, ele pronunciou uma simples promessa.

"Não se preocupe", ele disse à mãe de Jeremy. "Aguentarei até o nosso aniversário de casamento."

Todos sorriram heroicamente e aquiesceram com a cabeça, mas todos sabiam que isso, provavelmente, seria impossível. Ainda faltavam quatro meses para seu aniversário de casamento.

O Sr. Jeremy surpreendeu a todos ao conseguir aguentar firme durante mais três meses. Mas durante esse período ele foi definhando até chegar ao ponto de parecer um esqueleto, pesando aproximadamente quarenta quilos. Os parentes vinham à sua casa para passar alguns minutos ou algumas horas; a família estava sempre por perto. Todos tinham certeza de que seus dias estavam contados. No entanto, o Sr. Jeremy aguentou firme e inabalável, apesar da dor que a medicação nem sempre conseguia eliminar ou, até mesmo, diminuir.

Sua promessa à meia voz tinha sido a causa de muitas lágrimas derramadas, por causa das dificuldades em enfrentar um dia após o outro mergulhado em dores intensas durante quatro meses. Mas na véspera de seu aniversário de casamento a casa estava cheia de parentes e amigos.

Logo depois da meia-noite, Jeremy observou sua mãe debruçar-se sobre a cama de seu pai e sussurrar no ouvido dele. Apesar de suas palavras terem sido dirigidas unicamente a seu pai, Jeremy nunca seria capaz de esquecê-las.

"Feliz aniversário de casamento", sussurrou ela. "Eu te amo."

Jeremy viu limpidez nos olhos de seu pai, como se a dor tivesse ido embora, nem que fosse por um único momento. Em seguida o homem aquiesceu com a cabeça, sorriu e fechou os olhos pela última vez.

"Estremeço ao pensar em quanta dor papai aguentou todos os dias", Jeremy admitiu. "Não creio que tivesse conseguido suportar. Talvez tenha sido a sua teimosia que fez com que ele conseguisse continuar."

"Não acredito que tenha sido unicamente um esforço físico", disse Velho Falcão. "Se tivesse ocorrido unicamente nesse nível, seu pai não teria conseguido aguentar até o aniversário de casamento deles. Acho que, numa certa altura dos acontecimentos, o espírito dele assumiu o comando, talvez impelido por sua teimosia."

"Você corria longas distâncias no colégio. Sei que, provavelmente, em várias ocasiões pensou que não conseguiria dar mais nenhum passo porque suas pernas pareciam pedaços de pau. O que aconteceu naqueles momentos em que seus músculos estavam gritando para que você parasse?"

Jeremy pensou por um momento, lembrando-se das corridas das quais participou, e tinha conseguido vencer algumas delas. "Ah", ele murmurou, "num determinado momento, uma outra coisa assumia o comando. Você descobre uma espécie de força, mas é algo diferente da força física, eu acho. De alguma maneira você consegue superar a dor e o fato de seus pulmões estarem ardendo em busca de ar, e você segue em frente."

"Não foi isso que seu pai fez?", perguntou Velho Falcão.

"Bem." Jeremy suspirou. "O que o meu pai fez foi bem maior que isso. Não há como comparar."

"Talvez", admitiu o velho homem, "mas talvez você possa ter alguma ideia do que ele fez, e de como ele o fez."

Jeremy aquiesceu com a cabeça enquanto ouvia nitidamente a promessa, com a voz suave de seu pai, em sua cabeça. Depois de alguns minutos, ele se sentou de maneira um pouco mais ereta.

"O passo mais fraco em direção ao topo da montanha, em direção ao nascer do sol, em direção à esperança, é mais forte do que a mais violenta das tempestades."

Ao farfalhar, as folhas do choupo pareciam suspirar, enquanto Jeremy enxugava uma lágrima.

"Nos últimos dias de sua vida, seu pai ainda estava tentando lhe ensinar algo", observou o velho homem. "Ele estava ensinando a todos nós. Vi poucas pessoas demonstrarem tanta coragem e nobreza diante da dor. Seu pai não tinha medo de morrer, mas tinha medo da dor. Entretanto, ele a enfrentava dia após dia porque fez a promessa."

"E, ao manter a promessa feita à sua mãe, ele nos mostrou como ser fortes, independentemente do quanto estejamos fracos, ou pensemos que estamos. Até mesmo na sua condição debilitada, ele manteve a morte à distância. Não estava tentando enganar a morte, simplesmente estava mantendo uma promessa e, ao fazer isso, tornou-se mais forte que a morte por algum tempo."

"Quando nos encontramos sobrepujados por uma situação, muitas vezes também pensamos que um pequeno esforço significa nenhum esforço. Não percebemos que a diferença entre um pequeno esforço e nenhum esforço pode ser gigantesca. Pode ser a diferença entre vencer e perder."

"A falta de esforço, o fato de não fazer nada, não realiza nada. É a falta de esperança, e isso faz com que o problema se torne mais poderoso. A falta de esforço é também uma traição a nós mesmos. Quando não fazemos nada, nós nos tornamos nosso pior inimigo. Se não dermos um passo, se não fizermos um esforço, estaremos deixando a vitória cair nas garras da derrota."

"Portanto, não importa o quanto pensemos que dar mais um passo será inútil diante das dificuldades acachapantes, precisamos dar esse passo. Na pior das hipóteses, um esforço aparentemente inútil vai inspirar ainda um outro passo."

"E, se pudermos dar um passo, por mais lento que seja, ou por menor que seja, é bem provável que sejamos capazes de dar um outro."

"No final das contas, um daqueles passos fará a diferença, porque a vitória, com mais frequência do que imaginamos, é conseguida a partir de uma série de pequenas ações."

"Lembre-se do povo da aldeia da montanha e de seu dique de pedras. O dique representa a combinação dos esforços levados a cabo por aquelas pessoas que agiam baseadas na esperança. Dessa maneira, cada pedra seria um pequeno passo, que levaria a um outro; assim, cada pedra venceu a inundação."

"A vida é uma viagem trilhada com um passo de cada vez, algumas vezes com facilidade e, com muita frequência, com dificuldade. Precisamos fazer essa viagem dando esses passos. Afinal de contas, ela começa com um único passo. Em nenhum lugar está escrito que um passo deve ter um determinado comprimento para que faça diferença ou para que nos leve adiante em nosso caminho. Tampouco está escrito que nossos passos devem ser sempre fortes. A vida simplesmente requer que demos um passo de cada vez."

"Algumas vezes, estamos fortes e conseguimos dar passadas longas e com propósito. Outras vezes, a própria estrada é tão difícil que tudo que conseguimos é engatinhar, independentemente do quanto sejamos fortes ou fracos. E como todos sabemos, a própria viagem nos deixa cansados. Entretanto, nunca somos depreciados ou retrocedemos, mesmo que um passo possa ser pequeno, aparentemente fraco ou sem importância."

"Toda dificuldade, toda tempestade, por maior ou mais forte que seja, não consegue vencer mesmo o mais fraco dos passos, porque ele é uma expressão da esperança. Cada passo é uma prece atendida, uma centelha que desafia a escuridão do desespero."

"Desafia a escuridão."

Capítulo 6

Velho Falcão apontou para a sombra do choupo que se estendia sobre a grama. "A viagem do sol, hoje, está se aproximando do final", observou ele. "Foi um dia bom. Eu gostaria que não se acabasse, mas amanhã será um outro dia."

Jeremy olhou para a longa sombra. Era um sinal irrefutável de que o dia estava passando rápido. Em sua mente, diversas imagens, nascidas a partir das palavras e histórias de seu avô, rodopiavam como folhas em um redemoinho de vento.

"Retomaremos nossa conversa em breve", prometeu Velho Falcão. "Até lá, guarde este dia em seu coração e poderemos conversar a qualquer momento ou em qualquer ocasião da viagem que lhe aguarda. Mas você deve permitir que um velho homem apresente alguns pensamentos para terminar este dia."

Jeremy sorriu e esperou.

"Keep going!"

"Um rio inicia a sua viagem, de maneira discreta, como um pequeno riacho, em geral em algum local obscuro. Mas ele é um buscador decidido a encontrar o seu caminho. Não se deixa vencer por obstáculos. Eles podem detê-lo por algum tempo, mas não conseguem fazê-lo parar. Durante uma boa estação, um rio cresce e se reabastece com a força da neve que derrete nas montanhas. As chuvas de primavera e verão também caem, trazendo sua contribuição. Entretanto, algumas vezes, uma estação ruim, com menos neve e menos chuva, pode reduzir sua corrente a um mero filete."

"Todavia, o rio segue o caminho que fez para si mesmo, ou talha um novo curso, se necessário. É impossível interrompê-lo."

"Um rio pode ser largo ou estreito, raso ou profundo, rápido ou lento. Mas, dentre todas as suas características, há duas que são mais marcantes: ele cria o seu próprio caminho, e flui de maneira inabalável. Dessa forma, enquanto houver a neve do inverno nas montanhas, as chuvas de verão e a gravidade, os rios irão correr, eles irão perseverar."

O velho homem parou, e depois falou novamente.

"Os rios não são os únicos exemplos de determinação no mundo à nossa volta. Há muitos outros, em diferentes níveis da realidade. Assim como as estações do ano."

"Muitas culturas humanas acreditam que o ciclo anual começa na primavera, a estação do renascimento. Os seres vivos se renovam e a vida continua. O mesmo acontece com as estações. O verão segue à primavera, e então vem o outono, e o inverno."

"A consciência do ciclo está dentro de todos nós de maneira inerente, independentemente de quem ou do que você seja. Nós honramos o ciclo com todo tipo de esforços e rituais. Mas parece que não estamos tão conscientes do fato de que as estações nunca findam. Elas vêm e vão, de maneira interminável. Talvez tomemos como algo óbvio o seu ciclo interminável, quando poderíamos reconhecer nele um testemunho de perseverança."

"O bisão honrava o ciclo das estações. Houve uma época, somente há algumas gerações, quando essas nossas terras tremiam sob seus cascos. Ninguém sabe quantos havia. Basta dizer que seus rebanhos eram tão numerosos que muitas vezes cobriam a terra de um horizonte ao outro. Eles eram, literalmente, a fonte de vida para muitas sociedades indígenas das planícies."

Há duzentos anos, nestas mesmas planícies, um grupo de caçadores se encontrava em uma montanha sobre a confluência de dois rios ao norte daqui, os rios Terra Branca e Terra com Fumaça. Durante quase um dia inteiro eles ficaram observando dois grandes rebanhos de bisões que se deslocavam em direções opostas. Um dos rebanhos estava rumando em direção ao sudoeste, o outro para o sudeste. Ambos eram como colunas de escuridão, longas e largas, em contraste com o capim amarelado de outono.

Os caçadores presumiram que os dois rebanhos iriam se encontrar próximo ao rio. Eles imaginaram que ali certamente iria acontecer uma cena de confusão em massa como nunca tinham visto antes. Então, esperaram para ver o que aconteceria.

Devagar, os rebanhos vieram, um do oeste e o outro do leste. E, conforme os caçadores esperavam, os dois rebanhos se encontraram bem ao norte do rio. Entretanto, para grande surpresa dos observadores, as duas grandes colunas passaram uma entre a outra. Elas se entrecruzaram sem se desviar. A partir de sua posição estratégica na montanha, os caçadores viram que cada rebanho manteve o seu caminho. Não houve nenhuma confusão. Ao chegar ao rio, os grandes animais fizeram uma pausa para beber água, e em seguida continuaram.

Os caçadores ficaram estupefatos. Quando o sol já tinha se posto, os dois rebanhos seguiram por seus caminhos separados.

No final das contas, talvez o segredo da vida seja a perseverança.

Assim como o rio, as estações seguem um ciclo e se reciclam, e sempre continuam. Exatamente como os dois rebanhos de bisões.

"A vida sempre continua", disse Velho Falcão. "No entanto, ela pode ser desfavorável. Ela nos oferece uma viagem, assim como as muitas razões para fazermos essa viagem – sucesso, poder, fama, influência, riqueza, satisfação, motivações – e, em seguida, joga obstáculos e desafios em nosso caminho para fazer com que caiamos."

"Nós não começamos nossa viagem com um total de fracassos e êxitos determinados de antemão, de maneira que possamos saber quando chegamos ao fim. Mas muitos de nós pensamos, ou somos levados a pensar, após um determinado número de êxitos ou de fracassos, que nossa viagem deveria terminar."

"Pensamos que a vida nos avalia por meio dos êxitos que conseguimos ter ou de quão miseravelmente fracassamos", continuou Velho Falcão. "Por outro lado, talvez a vida não nos avalie de maneira alguma, pelo menos não da mesma maneira que nós nos avaliamos. Talvez ela não tenha expectativas com relação a nós, no sentido de termos êxitos ou fracassos. Pode ser que a vida simplesmente queira que trilhemos nossa viagem para que possamos acrescentar algo à sua totalidade, ou dela subtrair. Explicando de maneira diferente: quando chegarmos ao final da viagem, que é a vida de cada um, seremos exemplos para aqueles que vierem depois de nós. Alguns, infelizmente, mas talvez necessariamente, serão exemplos de como não se deve viver a vida. Outros serão exemplos de como se deve vivê-la."

O velho homem estendeu o braço para pegar sua bolsa com as cascas de salgueiro vermelho e os papéis de cigarro e enrolou mais um cigarro. Depois de dar a primeira tragada, seus olhos se entrefecharam mais uma vez, enquanto ele olhava firme e prolongadamente em direção à distância. Mas o jovem sabia que seu avô estava olhando para um local que ele ainda teria que ver. Velho Falcão se voltou para Jeremy.

"Vamos terminar este dia com uma última história."

No recôncavo de um vale amplo e bonito, entre duas cordilheiras de montanhas espetaculares, encontra-se uma aldeia. Nesse local há muitos tipos de pessoas desempenhando várias atividades: fazendeiros, curandeiros, herboristas, e artesãos com muitas habilidades diferentes. A aldeia é conhecida em todo lugar por sua arquitetura. Suas residências e seus prédios públicos estão entre os mais bonitos do mundo.

Mesmo assim, ao longo da rodovia, na entrada da aldeia, há uma grande placa saudando os viajantes, desejando boas-vindas. Uma marreta e um cinzel de um pedreiro-escultor estão pintados na placa. Conhecer a história da marreta e do cinzel é conhecer a história da perseverança.

Durante um verão, muitos e muitos anos atrás, quando a aldeia ainda era pequena, um jovem escalou o pico da montanha mais alta que dava para o vale e para a aldeia. Ao descer, descreveu a paisagem majestosa que viu a partir do pico. Contou que era inspirador ver sua aldeia a partir da perspectiva de uma águia. Então, obviamente, todos quiseram ver a aldeia a partir do pico mais alto.

Mas a subida até o pico era cheia de perigos. Muitas pessoas escorregaram e caíram, e algumas mor-

reram. Finalmente, ninguém mais tentou subir. Deste modo, para satisfazer a curiosidade de todos, o jovem que havia feito a escalada esboçou um desenho do que tinha visto. Mas ele não era um artista e seu desenho era mais frustrante do que ilustrativo.

Um dia, um pedreiro-escultor teve uma ideia. Ele sugeriu que uma série de degraus fossem talhados no granito das encostas das montanhas que levassem até o topo do pico alto. Entretanto, a maioria das pessoas ridicularizou o homem, afirmando que tal empreendimento nunca poderia se completar durante o período em que estivessem vivos. Sem se deixar abalar, todavia, o pedreiro-escultor começou a talhar o primeiro degrau.

A altura do degrau correspondia à metade da altura de um homem, com as mesmas dimensões de largura e de profundidade. Ele conseguiu terminá-lo por volta de um ano depois. Todo o tempo livre que dispunha, ele dedicava a talhar mais degraus na encosta da montanha com o martelo e o cinzel. Mas só podia trabalhar durante o verão e o outono, e, mesmo nesses períodos, somente quando o tempo estivesse bom. Assim, o progresso nos degraus era muito, muito lento. Em dez anos ele havia terminado somente três degraus.

O pedreiro já tinha passado da meia idade quando começou a trabalhar com os degraus. Ao terminar o trabalho do quarto degrau, já estava velho. Mui-

tos na aldeia pensaram que a insensatez terminaria quando o pedreiro morresse. Eles se surpreenderam quando um outro homem, mais jovem, assumiu a tarefa. Dessa maneira, o trabalho nos degraus continuou, mas não com menos zombaria por parte das pessoas da aldeia. Não havia absolutamente nenhum tipo de apoio.

Quando o jovem pedreiro terminou mais degraus, ele já tinha passado da meia idade. Os habitantes da aldeia ficaram completamente perplexos quando um outro homem se apresentou para continuar o trabalho. Assim como os outros dois que o precederam, o novo pedreiro trabalhava sozinho.

A maioria das pessoas da aldeia ignorava o pedreiro e os degraus. Ninguém lhe dirigia a palavra e ele tinha dificuldade em conseguir um emprego fixo. Era obrigado a viajar para outras aldeias para trabalhar por empreitada. Mas não abandonou os degraus.

Com o tempo, novas máquinas – os automóveis – apareceram no vale. Cavalos e charretes puxadas por cavalos, diligências, carroças e ferramentas agrícolas, aos poucos, foram se tornando obsoletos. Em seguida, a aldeia retirou seus lampiões dos postes de iluminação ao longo das ruas e novas luminárias, mais brilhantes, que funcionavam com eletricidade, foram instaladas. Com o passar dos anos, todo tipo de avanços tecnológicos chegaram ao vale.

Mas o trabalho nos degraus para a subida da encosta da montanha continuava, sem arrefecimento e sem ajuda. Para grande espanto dos moradores da aldeia, a sucessão dos pedreiros-escultores continuava. Um novo pedreiro sempre substituía o anterior. O trabalho nos degraus continuava sem nenhuma ajuda, ou interferência, do povo da aldeia. De vez em quando, era assunto de conversas animadas nas lojas e bares da aldeia. Também o eram aqueles que trabalhavam as pedras e talhavam o granito da montanha para moldar os degraus. Um deles era bastante afável, mas os outros não tinham tendência a se associar com os moradores da aldeia, exceto quando era absolutamente necessário. Entretanto, com o passar dos anos, os habitantes da aldeia, independentemente de sua verdadeira opinião sobre os degraus, concordavam que todos os que trabalhavam com as pedras tinham uma característica em comum: eram as pessoas mais determinadas que já se tinha visto.

O trabalho nos degraus era muito mais lento do que o progresso tecnológico, que agora parecia vir a todo vapor. Máquinas voadoras, coisas estranhas de início, acabaram se tornando corriqueiras. Não demorou muito para que um pequeno grupo de homens e mulheres da aldeia, corajosos e empreendedores, aprendessem a voar. Em pouco tempo se tornou fácil para muitas pessoas verem a aldeia a partir do céu, uma posição estratégica muito mais impressionante do que do topo da montanha. Mas os homens que trabalhavam com as pedras não interromperam seu trabalho.

O povo da aldeia era composto atualmente pelos bisnetos daqueles que estavam vivos quando o primeiro pedreiro-escultor talhou o primeiro degrau. Agora os degraus já iam até uma grande altura na encosta da montanha. Iam tão longe que, na realidade, os degraus de cima ficavam encobertos toda vez que as nuvens cobriam a montanha.

Com o passar dos anos, aproximadamente cinquenta pedreiros-escultores tinham contribuído com seu trabalho árduo e seu suor, e, algumas vezes, com seu sangue, para a construção dos degraus. Com exceção das ocasiões em que a neve, o vento, a chuva ou o frio tornavam impossível seu trabalho, eles continuavam. Agora, os degraus iam tão longe no alto da montanha que o último pedreiro-escultor era obrigado a acampar na encosta.

Um dia, ele caminhou até o gabinete do prefeito da aldeia, desgrenhado e exausto, com a face amarronzada escurecida pelo sol, e as mãos calejadas pelo trabalho pesado. O homem apresentou uma velha marreta e um cinzel de aço desgastado ao prefeito.

"O trabalho está terminado", anunciou o pedreiro-escultor. "Estas ferramentas pertencem ao primeiro pedreiro-escultor. Elas foram passadas adiante cada

vez que outro pedreiro assumia a tarefa. São o nosso presente para a aldeia, agora que o trabalho está terminado."

Ao dizer isso, o pedreiro-escultor deixou a aldeia e nunca mais foi visto.

O povo da aldeia ficou estupefato. Ninguém esperava que os degraus fossem talhados até o topo do pico mais alto. Alguns não acreditavam que eles, de fato, teriam sido terminados, pensando que o último pedreiro-escultor tivesse simplesmente abandonado a tarefa.

Havia, obviamente, somente uma maneira de saber a verdade.

O prefeito escolheu dois jovens para subir os degraus e registrar sua subida com câmeras fotográficas. Depois de muito alarde inoportuno, a difícil caminhada teve início. O procedimento não foi fácil. Uma escada teve que ser construída e carregada em cada degrau, uma vez que cada um deles tinha a altura da metade de um homem e a mesma medida de largura e profundidade.

Depois de dois dias os jovens alcançaram o topo e fotografaram a aldeia. Naquele momento o sonho do primeiro pedreiro-escultor foi realizado. Dois dias depois eles concluíram a descida. Os degraus, eles relataram, chegavam, de fato, ao topo do pico mais alto.

As fotografias de cada um dos cem degraus foram colocadas em exposição, e os moradores da aldeia afluíram para vê-las. A que fez mais sucesso foi a que mostrava os degraus em uma longa linha ondulatória, contínua, que subia a encosta da montanha e que desaparecia em uma nuvem. Ela viria a ser, com o tempo, o símbolo da aldeia. Mas havia um detalhe significativo em cada degrau, que todos notaram rapidamente. Ele explicava por que um pedreiro-escultor após outro veio assumir a tarefa.

Na base de cada degrau estava entalhado: KEEP GOING.

Conclusão

O jovem tinha mais uma pergunta. "Será que um dia chegarei a compreender a vida e a morte do mesmo modo que você compreende?"

"Se você viver o suficiente, sim", respondeu o velho homem. "Há ocasiões nas quais eu gostaria de entender algumas coisas de maneira mais clara. Mas minha viagem ainda não está terminada. Então, talvez eu ainda tenha algo mais a aprender. O que eu sei de fato é: se você entender a vida, você entende a morte."

"O que é entender?", o jovem retorquiu. "Na minha opinião, meu pai morreu antes de seu tempo. Por que a morte não poderia ter esperado?"

"Não devemos culpar a morte", observou o velho homem. "Foi a doença que levou o seu pai. A morte, em geral, é a consequência de escolhas que fazemos, como alguém que, por exemplo, decide dirigir alcoolizado, e faz uma curva errada onde já havia passado centenas de vezes. Mas, na verdade, começamos a morrer no dia em que nascemos. A verdade assusta a maioria das pessoas, porque lhes foi ensinado que a morte é o inimigo."

"Meu pai – seu bisavô – era um curandeiro, nos velhos tempos de nosso povo. Antes de morrer, ele disse para minha mãe que queria ser enterrado em um caixão feito só de madeira. Meu pai queria que seu corpo retornasse à terra de onde veio sem impedimentos. Muitas pessoas veem a morte como o fim. Ele a via como o fim de uma viagem, e o começo da próxima. Ele acreditava que o caixão de metal é uma negação da morte, porque impede que os restos mortais voltem à terra. Se você for visitar os cemitérios neste país, verá em quase todos que esta sociedade nega a morte. As pessoas enterram aqueles a quem querem bem em túmulos de mármore, granito ou metal, acreditando ser esse um último ato de amor que podem lhes oferecer. Devido ao que o meu pai me ensinou, vejo esse tipo de comportamento como algo que impede o final da viagem na terra. E isso afeta o início da viagem do espírito para o outro mundo.

"Meu pai não tinha medo da morte, apesar de que acho que às vezes ele tivesse medo da vida, assim como todos nós, em algumas ocasiões. Ele tinha medo do fracasso, da doença, da vida sem minha mãe. Com frequência, ele tinha medo de que talvez não tivesse feito o melhor que podia, em alguma situação aqui ou acolá. Mas ele nunca teve medo de morrer."

"Podemos morrer devido a um acidente, uma doença, na guerra, devido à idade avançada ou através de nossas próprias mãos. A maneira como morremos, em geral, determina a última opinião que os outros têm sobre nós. Mas acho que se tivermos de ser julgados, que seja pela maneira como vivemos."

"Seu pai foi um homem bom; ele viveu uma vida boa. Você não deve desperdiçar esforço, ficando com raiva da maneira como ele morreu; em vez disso, honre a maneira como ele viveu. Isso sim é o legado que ele deixou, não a maneira como morreu."

O velho homem e seu neto ficaram sentados em silêncio à sombra do velho choupo, ouvindo a brisa gentil farfalhar suas folhas. O jovem estava impressionado com a enorme força de espírito de seu avô, e grato pelas palavras que lhe trouxeram paz nessa situação de angústia e confusão.

“Não tenho como agradecê-lo, vô”, ele disse. “Espero um dia ser tão sábio quanto você. Obrigado por tudo que me disse.”

“Meu avô me disse palavras muito semelhantes várias vezes durante o desenrolar de minha viagem. Muitas vezes ele me fazia lembrar, assim como estou lhe fazendo lembrar agora, que há um outro Avô. Lembre-se de que em nossa língua Avô também se refere ao Grande Poder, que outros chamam de Deus. As palavras que disse, na realidade, são daquele Avô, por causa da viagem que Ele me propiciou e me ajudou a fazer. A viagem que tem sido minha vida é a fonte da pequena sabedoria que adquiri.”

“Aquele Avô está em toda parte. Ele está na tempestade que o desafia e na força que o capacita a enfrentá-la. Ele é aquele sussurro de esperança contra o desespero, e o brilho do sol sobre sua face, quando você encontra cada novo dia. Ele está aí com você em sua vitória, e o abraça quando você sofre uma derrota. Ele estava lá quando você veio a este mundo, para começar esta viagem, e Ele estará lá quando você deixá-lo, para começar a sua próxima viagem.”

Mais uma vez, o jovem ficou sentado em silêncio assimilando as palavras de seu avô. Em seguida, ele sussurrou: "Obrigado, Avô."

E ele sempre se lembrará de como a brisa ficou mais forte e fez com que o farfalhar das folhas do choupo fosse mais alto, mesmo que somente por um único momento. No farfalhar das folhas, ele pensou ter ouvido uma voz suave e forte falando em um ritmo cadenciado. Até agora as palavras ainda não ficaram claras para ele.

"Vô, você ouve a voz nas folhas?", ele perguntou.

Velho Falcão sorriu. "É claro", respondeu ele suavemente.

"O que ela está dizendo?"

"É a vida falando", respondeu o velho homem. "Ela diz simplesmente que devemos *keep going*."

A ORAÇÃO PARA *KEEP GOING*

Pai Céu,
Sou eu que ergo minha voz a você,
Tenha piedade de mim.
Mãe Terra,
Sou eu que ergo minha voz a você,
Tenha piedade de mim.
A todos os meus familiares que vivem no Oeste,
no Norte, no Leste e no Sul,
Sou eu que ergo minha voz a vocês,
Tenham piedade de mim.
Avô,
Sou eu que ergo minha voz a você,
Tenha piedade de mim.
Agradeço suas bênçãos e as dificuldades que
conheci,
Porque tudo é fonte de força e sabedoria.
Você que conhece a viagem que espera por mim,
Ajude-me a aguentar o caminho à minha frente,
Ajude-me a encontrar forças para *keep going*
Por mais difícil que seja, por mais cansado que

eu esteja.
Ajude-me a enfrentar cada dia,
Ajude-me a enfrentar cada teste, cada
tempestade,
Um passo de cada vez.
Avô,
Eu peço isso em nome de
Todos os meus familiares.

AGRADECIMENTOS

Tudo tem um começo, e isso não é menos verdadeiro em relação a este livro. *Keep going* começou como um simples texto de uma página, consequência dos períodos difíceis que minha família teve que enfrentar. Durante aqueles dias e meses de dificuldade eu me lembrei dos conselhos que me foram dados por meus avós – o Reverendo Charles J. e Blanche Marshall, e Albert e Annie Dois Falcões. Todos eles, bem como meus pais, eram profundamente espiritualizados. Lembro-me com frequência de minha infância com os meus avós maternos, e de sua influência sobre mim, que é considerável. Lembro-me, com mais frequência, das conversas que tinha com meu avô materno. Alguns trechos daquelas conversas se tornaram um texto de uma página.

Este trabalho é baseado nas ideias e observações deles, em suas experiências, seu amor e sua sabedoria. Dessa maneira, agradeço a todos eles, mais uma vez, por tudo que fizeram por mim.

Minha mãe, Hazel, sempre uma fonte de inspiração discreta. Ajudou a educar oito filhos e três filhas, e encontrou uma maneira de *keep going* depois que meu pai faleceu em 2001. Ela ainda continua forte, entrando bem em sua oitava década. *Ina, iyotancila*[7].

Minha esposa, Connie, tem sido uma inspiração por seu próprio mérito. Isso sem dizer que é minha agente literária e maior motivadora. Foi a primeira a acreditar no *keep going* e foi quem trabalhou de maneira incansável durante vários anos até encontrar a editora adequada.

E esta editora foi a Sterling, na pessoa de Patricia Gift, sua vice-presidente e diretora de edição; e, ainda mais importante, nossa amiga especial.

As palavras neste livro são minhas, como também o são quaisquer falhas. O coração e alma dele vêm de todos que mencionei aqui. Neles não há nenhuma falha.

Agradeço a todos vocês.

---

7. Esta frase em Lakota, de acordo com o autor, significa "Mãe, eu te amo" (N.T.).